Sekundarstufe

Rudi Lütgeharm

DIFFERENZIERUNG IM SPORTUNTERRICHT

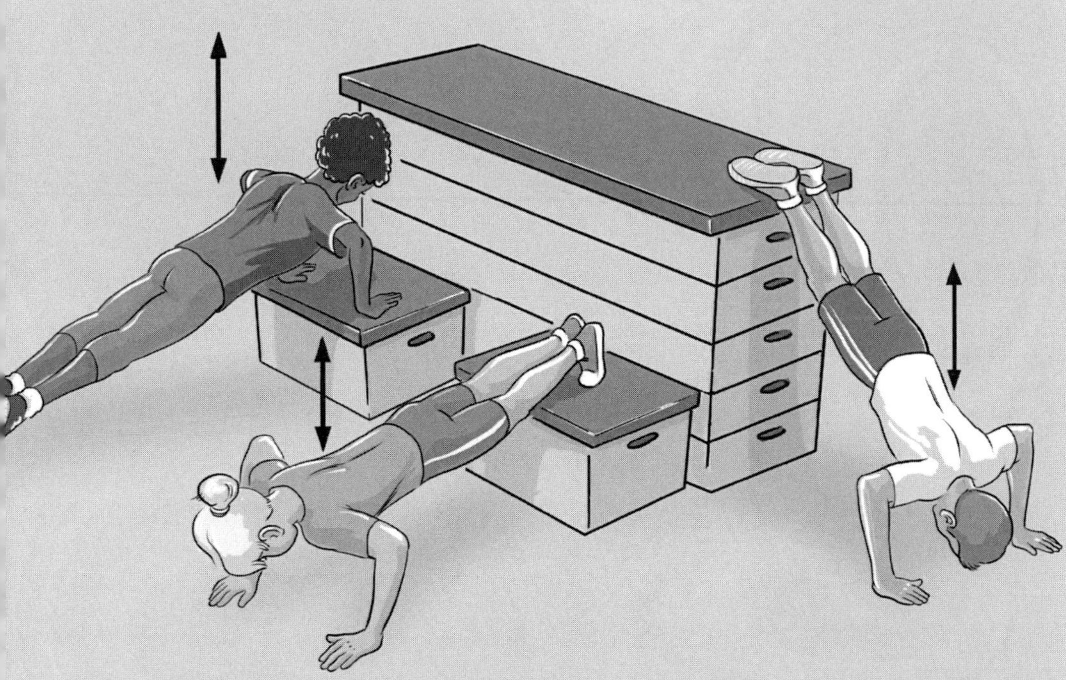

Fitness

Koordination und Kondition

Gerätturnen & Leichtathletik

Schwimmen

Kleine Spiele

- Individuellen Voraussetzungen gerecht werden
- Binnendifferenzierung und adaptiver Unterricht
- Differenzierung planen und praktisch umsetzen

www.kohlverlag

Differenzierung im Sportunterricht / SEK

Bewegungsaufgaben für alle Schüler

1. Auflage 2024

Inhalt: Rudi Lütgeharm
Illustrationen & Umschlagbild: Scott Krausen
Redaktion: Kohl-Verlag
Grafik & Satz: Eva-Maria Noack / Kohl-Verlag
Druck: farbo prepress GmbH, Köln

Bestell-Nr. 13 020

ISBN: 978-3-98841-084-9

Bildquellen © AdobeStock.com:
S. 7: Avilika (2x); **S. 10**: contrastwerkstatt, WavebreakMediaMicro; **S. 11**: Anela R-peopleimages.com; **S. 26**: Svetlana, Sanja, Jale Ibrak, YuryGulakov; **S. 28**: dojo666; **S. 29**: Maridav, amriphoto.com, Jovan, contrastwerkstatt, arvin; **S. 35**: blackday; **S. 38**: olinchuk; **S. 58**: Sylfida, martialred; **S. 67**:feelisgood, 123levit; **S. 76**: undrey (3x), kroko021; **S. 81**: F8-Suport Ukraine, undrey, blackday; **S. 87**: Kekyalyaynen; **S. 81**: yAOinLoVE; **S. 91**: feelisgood, Francesco Milanese; **S. 94**: Francesco Milanese

Inhalt

Differenzierung im Sportunterricht / SEK – Bestell-Nr. 13 020
Bewegungsaufgaben für alle Schüler

Differenzierung „praktisch“ in der Übersicht

Um dem Sportlehrer einen schnellen Zugriff auf ein ausgewähltes Thema zu ermöglichen, werden alle in diesem Buch behandelten Differenzierungsmaßnahmen in dieser Übersicht nach Themen geordnet, wobei sich natürlich manchmal die Themen überschneiden.

Thema (Fitness – Kondition und Koordination – Gerätturnen – Leichtathletik – Schwimmen – Spiele)	Anzahl Übungen	Kapitel	Seite
Grundtätigkeiten			
Kniebeuge in Variationen Differenzierung durch unterschiedliche Aufgaben	4	4	26
Outdoor-Fitness – 3 Stationen Diff. durch unterschiedliche Aufgaben und Anzahl der Wiederholungen	6	4	28-29
Neigungsgruppen: Fitness und Spiel – Gruppe Fitness Differenzierung nach Interesse/Neigung – äußere Differenzierung	4	5	35
Partnerübungen zum Verbessern der Fitness Diff. durch Anzahl der Wiederholungen und Veränderung der Übung	10	5	41
Fitnessübungen an Turnbänken Methodische Differenzierung	7	6	49
Bewegt euch mit Teppichfliesen Differenzierung durch individuelle Lösungen	6	7	61-62
Bewegt euch mit Ball und Reifen Differenzierung durch individuelle Lösungen	9	7	63
Klimmzüge am Reck Diff. durch unterschiedliche Aufgaben und Anzahl der Wiederholungen	3	8	74
Kräftigen der Bauchmuskulatur in Partnerform Differenzierung durch unterschiedliche Aufgaben	4	8	76
Liegestütz vorlings mit Beugen und Strecken der Arme Differenzierung durch Auffächerung (Divergente Differenzierung)	6	9.2	90
Kondition und Koordination			
Kräftigung der Rückenmuskulatur Differenzierung durch unterschiedliche Aufgaben	3	2	14
Stützelnd am Barren vorwärts bewegen Differenzierung durch Bildung von Gruppen mit unterschiedl. Niveau	3	2	17
Kräftigung der Rückenmuskulatur Diff. durch unterschiedliche Aufgaben und Anzahl der Wiederholungen	6	3	20
Kräftigung der Bauchmuskulatur Diff. durch Veränderung der Ausgangsübung und Anzahl der Wiederholungen	5	3	24
Kräftigung der Arme und Schultern Diff. durch unterschiedliche Aufgaben und Anzahl der Wiederholungen	4	4	28
Stützkraftschulung – Kräftigung der Arm- und Schultermuskulatur Differenzierung durch unterschiedliche Aufgaben	3	4	30
Konditions- und Koordinationsschulung an Gerätebahnen Differenzierung nach Leistungsfähigkeit – äußere Differenzierung	6	5	37
Kräftigen der Arm- und Schultermuskulatur – Ganzkörperübungen Diff. innerhalb einer Aufgabe und Anzahl der Wiederholungen – innere Diff.	8	5	39
Kräftigen der Sprung- und Beinmuskulatur Diff. innerhalb einer Aufgabe und durch Veränderung der Geräte – innere Diff.	6	5	40
Kräftigen der Arm-/Schultermuskulatur – Schulen koord. Fähigk. Diff. durch unterschiedliche Aufgaben und Veränderung des Gerätes	7	5	42
Schulen/Verbessern koord. Fähigk. – Übungen zu dritt mit Kastenteilen Differenzierung durch unterschiedliche Aufgaben	8	5	43
Kräftigen der Hauptmuskelgruppen Diff. d. Erhöhen bzw. Verringern d. Belastungszeit u. Veränderung d. Übung innerh. d. Aufg.	8	5	44
Schulen konditioneller/koordinat. Fähigk. an und mit Weichböden Differenzierung durch individuelle Anteile	8	7	69

Differenzierung im Sportunterricht / SEK
KOHL VERLAG

Differenzierung „praktisch“ in der Übersicht

Kräftigung der Rücken- und Bauchmuskulatur Differenzierung durch die Anzahl der Wiederholungen	2	8	73
Kräftigung der Bauchmuskulatur mit dem Partner Differenzierung durch Auffächerung (divergente Differenzierung)	4	9.2	89
Gerätturnen			
Hockwende Differenzierung durch unterschiedliche Aufgaben	6	2	13
Lernen und Üben des Handstützüberschlages Differenzierung durch erleichterte bzw. erschwerte Bedingungen	5	3	25
Lernen und Üben der Flugrolle Innere Differenzierung	6	3	22-23
Lernen und Üben der Laufkippe Didaktische Differenzierung	5	6	47-48
Handstandabrollen Differenzierung durch Einsatz/Gebrauch von Lehrkarten	6	7	55-56
Kehre am Stützbarren Differenzierung durch unterschiedlich hohe Geräte und Aufgaben	3	7	64
Hockwende an verschiedenen Geräten Differenzierung nach der Leistungsfähigkeit	3	7	65
Festigen und Formen von Bewegungsfertigkeiten an Gerätebahnen Differenzierung nach der Leistungsfähigkeit	3	7	65
Handstandabrollen mit Zusatzaufgaben Differenzierung nach der Leistungsfähigkeit (2 Riegen)	4	7	66-67
Hockwende am Stützbarren Differenzierung durch Veränderung der Kernübung	3	7	68
Hocke über den Bock Differenzierung durch unterschiedliche Aufgaben	3	8	75
Lernen und Üben des Handstütz-Überschlages Differenzierung in drei Gruppen (= konvergente Differenzierung)	14	9	80-83
Lernen und Üben der Hocke über den Bock/T-Bock/großen Kasten Differenzierung durch Auffächerung (divergente Differenzierung)	8	9.2	91-94
Leichtathletik			
Lernen und Üben des Schleuderballwurfs Differenzierung durch Bildung von Gruppen mit unterschiedl. Niveau	4	2	16-17
Flop Differenzierung durch den Einsatz/Gebrauch von Lehrkarten	8	7	57-60
Weit werfen mit Weitenorientierer Differenzierung nach der Leistungsfähigkeit	2	8	73
Schwimmen			
Lernen und Üben der Beinbewegung beim Rückenkraulen Differenzierung in drei Gruppen (konvergente Differenzierung)	18	9	84-87
Spiele			
Neigungsgruppen: Fitness und Spiel – Gruppe Spiel Differenzierung nach Interesse/Neigung – äußere Differenzierung	3	5	36
Pendelstaffel – Fünfbeinlauf Differenzierung durch Regeländerungen	9	5	45
„Wackelschlange“ – „Nummernwettlauf“ – „Liegestützball“ Differenzierung durch individuelle Anteile	3	7	70
Wettlauf zu zweit mit Treffpunkt Differenzierung nach der Leistungsfähigkeit	1	8	71
Kurvenlauf im Gelände Differenzierung nach der Leistungsfähigkeit	1	8	72
Sprintermehrkampf Differenzierung nach der Leistungsfähigkeit	2	8	72
Beim Treffen wenden Differenzierung nach der Leistungsfähigkeit	1	8	73

Vorwort und Einführung

Heterogenität – motorische Voraussetzungen – Differenzierung

Schüler und Schülerinnen bringen unterschiedliche motorische Voraussetzungen, ihre bisherigen Erfahrungen und Fähigkeiten und ihre Interessen, in den Sportunterricht der Sekundarstufe mit. Die Aufgabe des Sportlehrers* besteht darin, jede Schülerin und jeden Schüler auf ihrem weiteren „sportlichen Weg" zu unterstützen, sportliche „Werte" zu erklären, sie bei manchen Aufgaben zu unterstützen, aber auch Anstrengungen und Leistungen einzufordern.

Im Sportunterricht der Sekundarstufe gibt es aufgrund der neu gebildeten Jahrgangsklassen keine homogenen Gruppen, vielmehr sind Heterogenität und Diversität Realität und Normalität. Aufgrund dieser Heterogenität braucht es einen Sportunterricht, der die Vielfalt als Herausforderung und nicht als Hindernis begreift.

Heterogene Fähigkeiten und Fertigkeiten erfordern auch heterogene Vorgehensweisen und Bewegungsangebote.

Jede Klasse besteht aus Schülern, die mit unterschiedlichen Voraussetzungen und Interessen am Sportunterricht teilnehmen.

Im Klassenverband des Sportunterrichts gibt es …

- → schlanke, aber auch übergewichtigen Kinder und Jugendliche;
- → Kinder und Jugendliche mit guten bis sehr guten konditionellen/koordinativen Voraussetzungen;
- → Kinder und Jugendliche, die sich schwertun, wenn es um längere Belastungszeiten oder um das Lernen neuer Bewegungsfertigkeiten geht;
- → Kinder und Jugendliche, die Bewegungsfertigkeiten auf Anhieb lernen, aber auch Schüler, die viel Unterstützung und methodische Hilfen benötigen;
- → Kinder und Jugendliche, die regelmäßig einmal/zweimal einen Sportverein in der Woche aufsuchen und dort üben/trainieren, aber auch andere, die kaum Bewegungserfahrungen aufweisen;
- → Kinder und Jugendliche mit unterschiedlich ausgeprägten Vorerfahrungen in den curricular ausgewiesenen Sport- und Bewegungsangeboten.

Der Sportlehrer vor Ort muss sich immer wieder mit den oben genannten Punkten auseinandersetzen, um der recht unterschiedlichen Lernausgangslage der Kinder und Jugendlichen gerecht zu werden. Bewegungsangebote und Übungsauswahl müssen evtl. verändert, modifiziert und differenziert angeboten werden, sodass sich jeder Schüler angesprochen fühlt und leistungsbereit ist, weil das angestrebte Ziel erreichbar ist.

Beispiel: Prellen eines Gymnastikballes: verändern – modifizieren – differenzieren

Hinweis: Mit Schülern bzw. Lehrern sind im ganzen Heft selbstverständlich auch die Schülerinnen und Lehrerinnen gemeint!

Vorwort und Einführung

In jeder Klasse sind Kinder und Jugendliche mit erheblichen Unterschieden in der motorischen Leistungsfähigkeit. Hier setzen die vielfältigen Überlegungen zur Differenzierung an ...

Die Notwendigkeit der Differenzierung im Sportunterricht ergibt sich aus den anlage- und entwicklungsbedingten Leistungsvoraussetzungen einschließlich der Einflüsse der Akzeleration und Retardation.

<u>Beispiel</u>: Liegestütz vorlings, die Arme beugen und strecken:
verändern – erleichtern – erschweren – differenzieren

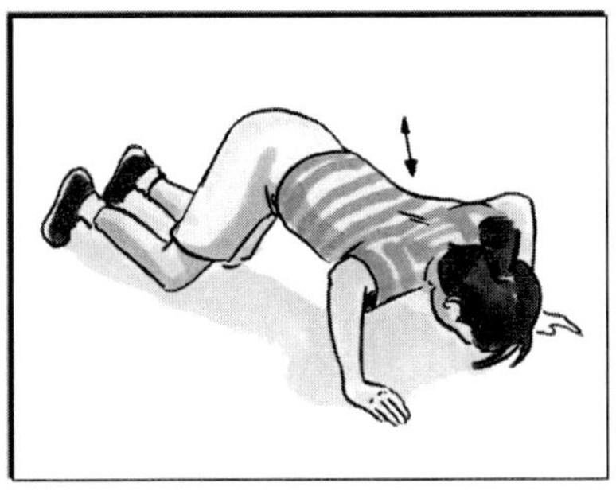

Die Inhalte dieses Buches erläutern den Begriff „Differenzierung", ihre Ziele sowie die Ebenen und die verschiedenen Formen der Differenzierung.
Mit praktischen Beispielen wird die Umsetzung verdeutlicht und veranschaulicht, z. B.

- → wie neue Bewegungsfertigkeiten über eine differenziert gestaltete methodische Übungsreihe erlernt und geübt werden können;
- → wie bekannte, in der Grobform beherrschte Bewegungsfertigkeiten durch differenziert gestaltete Organisationsformen gefestigt und geformt werden können;
- → wie Übungsprogramme im konditionellen und koordinativen Bereich durch differenzierte (unterschiedliche) Aufgaben gestaltet/organisiert werden können, damit allen Kindern und Jugendlichen ein Leistungszuwachs ermöglicht wird;
- → wie Spiele durch Regelveränderungen und Variationen differenzierte Spielmöglichkeiten eröffnen und dadurch allen Kindern und Jugendlichen eine aktive Teilhabe ermöglichen.

Im Vordergrund stehen dabei immer die Anwendbarkeit und praktische Umsetzung in den Bereichen Fitness, Kondition und Koordination, Gerätturnen, Leichtathletik, Schwimmen und Spiele. Die Inhalte dieses Buches versetzen den Sportlehrer in die Lage, den unterschiedlichen Voraussetzungen der Kinder und Jugendlichen in einer Jahrgangsklasse gerecht zu werden und differenzierende Maßnahmen im Sportunterricht praktisch durchzuführen.

Viel Spaß und Erfolg bei der Planung und dem Umsetzen von differenzierenden Maßnahmen wünschen der Kohl-Verlag und

Rudi Lütgeharm

1 Sportunterricht in der Sekundarstufe – zwei Entwicklungsabschnitte

Schuljahrgänge – Spätes Kindesalter – Frühes Jugendalter (Pubeszenz)

Die Sekundarstufe I war mit rund 4,29 Millionen Schülern im Jahr 2022 die größte Schulstufe in Deutschland. Prognosen gehen davon aus, dass die Zahl der Schüler in der Sekundarstufe I ab 2024 ansteigen und im Jahr 2031 mit rund 4,9 Millionen einen vorläufigen Höchststand erreichen wird.

- Die Sekundarstufe I umfasst die Schuljahrgänge 5 bis 10 und wird als mittlere Schulbildung – mittlerer Schulabschluss – definiert.
- Die Schüler der Sekundarstufe I verteilen sich in Deutschland auf verschiedene Schulformen: Gymnasium – Realschule – Hauptschule – Gesamtschule – Förderschule und andere Schulformen. In den einzelnen Bundesländern werden die Schulformen manchmal anders (unterschiedlich) bezeichnet.

Nach dem Besuch der Grundschule wird für jedes Kind aufgrund seiner Noten, Leistungen und seinem Verhalten eine Empfehlung für die weiterführenden Schulen ausgesprochen. Die Empfehlungen berücksichtigen das unterschiedliche Leistungsniveau und unterscheiden sich auch in den Lehr- und Lernmethoden sowie der Art der Förderung der Schüler.

Im Unterricht der Sekundarstufe sollen die **Grundkenntnisse aus der Grundschule vertieft** und deutlich erweitert werden, das gilt auch für den Fachbereich Sport.

Der Sekundarbereich I umfasst zwei Entwicklungsabschnitte, und zwar:

1. Abschnitt:

Spätes Kindesalter	Mädchen	10/11 Jahre – 11/12 Jahre
	Jungen	10/11 Jahre – 12/13 Jahre

Meinel/Schnabel bezeichnen diesen Entwicklungsabschnitt auch als **„Phase der besten motorischen Lernfähigkeit"**.

Hauptmerkmal der Entwicklung sind die überwiegend günstigen körperlichen Voraussetzungen und die freudige Bereitschaft (Motivation) sportliche Herausforderungen zu lösen. Sie lernen schnell, manchmal **auf Abhieb**, neue Bewegungsabläufe und sind in der Lage, sich auf neue Situationen schnell und problemlos einzustellen. Nachdem der Sportlehrer oder ein Schüler **die Übung demonstriert (vorgemacht) hat, führen diese Schüler die Übung auch sofort aus** = Lernen auf Anhieb.

Beispiele:

- Schlusssprung in den umgedrehten kleinen Kasten und danach wieder heraus in den Gymnastikreifen. Anschließend wieder in den nächsten Kasten springen …
- Zwei Bälle gleichzeitig prellen …

KOHL VERLAG Differenzierung im Sportunterricht / SEK – Bewegungsaufgaben für alle Schüler – Bestell-Nr. 13 020

Sportunterricht in der Sekundarstufe – zwei Entwicklungsabschnitte

2. Abschnitt:
Frühes Jugendalter (Pubeszenz) Mädchen 11/12 Jahre – 13/14 Jahre
Jungen 12/13 Jahre – 14/15 Jahre

Meinel/Schnabel bezeichnen diesen Entwicklungsabschnitt auch als
„Phase der Umstrukturierung (Umbau) von motorischen Fähigkeiten und Fertigkeiten"

- Aufgrund der großen individuellen Unterschiede in der körperlichen Entwicklung und der motorischen Leistungsfähigkeit sind teilweise besondere Maßnahmen mit differenzierenden Aufgabenstellungen besonders wichtig.
- Das Schulen und Verbessern der motorischen Fähigkeiten, insbesondere der Kraft und Ausdauer sowie das Verbessern der körperlichen Fitness ganz allgemein hat eine große Bedeutung.

Die individuellen Voraussetzungen werden dabei durch **differenzierte Angebote** berücksichtigt.

Beispiel: Schulen der Sprungkraft und koordinativer Fähigkeiten – Überwinden und Durchkriechen von Kastenteilen

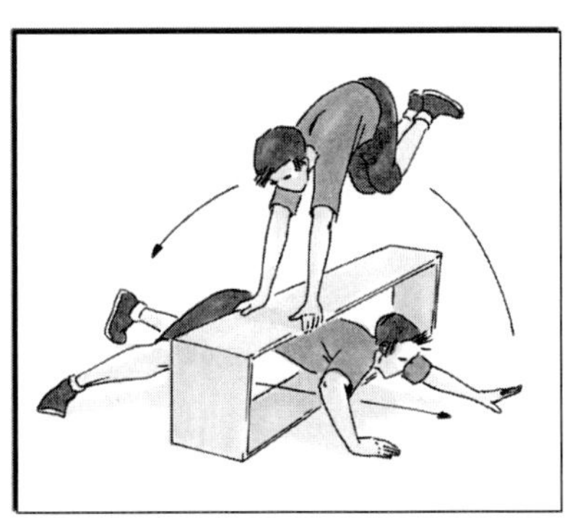

Methodisch steht das Festigen und Formen von bekannten Bewegungsabläufen, aber auch darauf aufbauend das Lernen neuer Bewegungsfertigkeiten im Vordergrund.

Beispiel: Üben bekannter Bewegungsfertigkeiten an einer Gerätebahn

Bei den Jungen und Mädchen bilden sich verstärkt individuelle Neigungen und Interessen heraus und diese sollten bei der Planung des Sportunterrichts berücksichtigt werden.

Differenzierung im Sportunterricht / SEK
Bewegungsaufgaben für alle Schüler – Bestell-Nr. 13 020
KOHL VERLAG

1 Sportunterricht in der Sekundarstufe – zwei Entwicklungsabschnitte

Beispiel: Interesse am Jonglieren und Outdoor Fitness

Ebenso gewinnen Formen der gesteigerten Selbstständigkeit und das Mitdenken/Miturteilen an Bedeutung und sind bei der Gestaltung des Sportunterrichts zu beachten.

Beispiel: Üben an Stationen: Kräftigen der Arm- und Schultermuskulatur

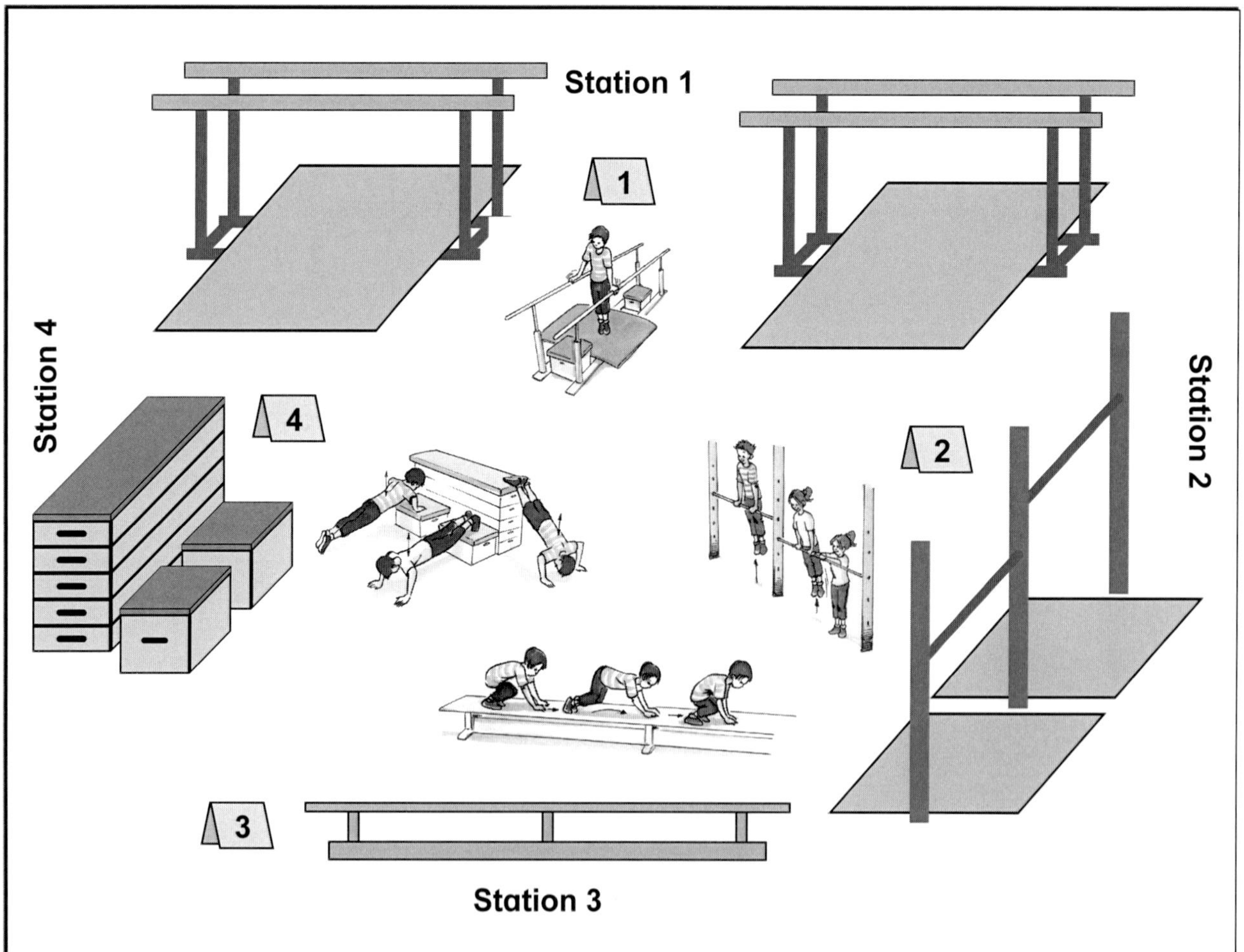

Station 1
1
Station 4
4
2
Station 2
3
Station 3

KOHL VERLAG
Differenzierung im Sportunterricht / SEK
Bewegungsaufgaben für alle Schüler – Bestell-Nr. 13 020

Sportunterricht in der Sekundarstufe – zwei Entwicklungsabschnitte

Die genannten Punkte machen besonders deutlich, dass gerade in diesen Phasen – Spätes Kindesalter und Frühes Jugendalter – hohe Anforderungen an das pädagogisch-psychologische Geschick und an das methodische Können/Wissen des Sportlehrers gestellt werden. Die Vorbildwirkung des Sportlehrers und eine gut durchdachte differenzierte Unterrichtsgestaltung tragen dazu bei, dass die Kinder und Jugendlichen gerne Sport treiben und sich auch in ihrer Freizeit vermehrt aktiv betätigen.

Die Schülerinnen und Schüler kommen mit bestimmten Erwartungen in die Sportstunde.

Mädchen und Jungen der Klassen 5 und 6 wollen meistens zunächst ihren „Bewegungsstau" abbauen und das lange Sitzen kompensieren. Sie laufen, hüpfen und verfolgen andere Mitschüler und versuchen sie abzuschlagen. Es ist ratsam, ihnen Handgeräte wie Sprungseile oder Bälle für einige Minuten zur Verfügung zu stellen.

Die Mädchen und Jungen der Klassen 7 bis 9/10 verhalten sich in der Regel vor Beginn der Sportstunde anders, z. B.

- werden sie sich an den vertrauten Stammplatz (Bänke) begeben, sich dort hinsetzen und auf den offiziellen Beginn der Sportstunde warten;
- oder sich vor Beginn des Unterrichts einige Bälle zuspielen;
- es gibt aber auch Jugendliche, die sich aufgrund ihrer Vorerfahrungen mit ganz speziellen Übungen schon warm machen.

Es muss klar sein, dass eine Sportstunde für eine 5. Klasse inhaltlich und organisatorisch anders gestaltet werden muss als eine Sportstunde für eine 8. oder 9.Klasse.

Differenzierung – alle machen aktiv mit – jeder so wie er kann

Die angestrebten Zielsetzungen können nur dann erfüllt werden, wenn den Mädchen und Jungen individuell passende und der motorischen Leistungsfähigkeit entsprechende Erfahrungs- und Lerngelegenheiten angeboten werden.

Es ist daher ganz wichtig, mit differenzierten Aufgabenstellungen, kleinen Lernschritten, unterschiedlichen Angeboten und Stationen zu üben und den Jugendlichen damit Erfolgserlebnisse zu ermöglichen.

Gerade in der Sekundarstufe I müssen verstärkt fachlich qualifizierte Sportlehrkräfte den Sportunterricht erteilen, damit sich die oben genannten Punkte auch in den Stundenabläufen wiederfinden.

Differenzierung im Sportunterricht / SEK
Bewegungsaufgaben für alle Schüler – Bestell-Nr. 13 020

2 Kerncurricula/Lehrpläne und Differenzierung

Lernfelder-/Bewegungsfelder – Heterogenität – Unterrichtsprozess/ Bewegungskönnen

Im Fach Sport steht das „Sich-Bewegen" im Mittelpunkt. Der praktische Sportunterricht muss so gestaltet und organisiert werden, dass durch entsprechende Bewegungsangebote bei allen Kindern und Jugendlichen die Freude an der Bewegung sowie am individuellen und gemeinschaftlichen Sport treiben geweckt, erhalten und vertieft wird.

Ausgangspunkt aller Überlegungen für die Planung und Durchführung von Sportunterricht sind immer die Rahmenvorgaben der Kerncurricula/Lehrpläne der jeweiligen Bundesländer.

Im Folgenden werden beispielhaft auszugsweise die Erfahrungs-/Lernfelder, Bewegungsfelder und Sportbereiche aus den Kerncurricula/Lehrplänen der Bundesländer Niedersachsen, Hessen und Nordrhein-Westfalen aufgeführt. Je nach Bundesland sind die Sport- und Bewegungsangebote in Erfahrungs- und Lernfelder, Bewegungsfelder, Lern- und Sportbereiche zusammengefasst.

Niedersachsen[1] Erfahrungs- und Lernfelder	Hessen[2] Bewegungsfelder	Nordrhein-Westfalen[3] Lern- und Sportbereiche
Spielen	Laufen, Springen, Werfen	Den Körper wahrnehmen und Bewegungsfertigkeiten ausprägen
Schwimmen, Tauchen, Wasserspringen	Bewegen im Wasser	Das Spielen entdecken und Spielräume nutzen
Turnen und Bewegungskünste	Bewegen an und mit Geräten	Laufen, Springen, Werfen – Leichtathletik
Gymnastisches und tänzerisches Bewegen	Bewegung gymnastisch, rhythmisch und tänzerisch gestalten	Bewegen im Wasser – Schwimmen
Laufen, Springen, Werfen	Fahren, Rollen, Gleiten	Bewegen an Geräten – Geräteturnen
Bewegen auf rollenden und gleitenden Geräten	Mit/gegen Partner kämpfen	Gestalten, Tanzen, Darstellen – Gymnastik, Tanz, Bewegungskünste
Kämpfen	Spielen	Spielen in und mit Regelstrukturen – Sportspiele
	Den Körper trainieren, die Fitness verbessern	Gleiten, Fahren, Rollen – Rollsport, Bootssport, Wintersport
		Ringen und Kämpfen – Zweikampfsport

In den Sportstunden werden die Jungen und Mädchen mit den verschiedenen curricular ausgewiesenen Sport- und Bewegungsangeboten vertraut gemacht.

[1] Niedersächsisches Kultusministerium: Kerncurriculum für die Schulformen des Sekundarbereichs I – Schuljahrgänge 5-10, S. 14

[2] Hessisches Kultusministerium: Lehrplan Sport – Bildungsgang Realschule – Jahrgangsstufen 5-10, S. 9

[3] Ministerium für Schule und Weiterbildung des Landes Nordrhein-Westfalen: Kernlehrplan für das Gymnasium – Sekundarstufe I – Sport, S. 19

2 Kerncurricula/Lehrpläne und Differenzierung

Heterogenität im Fach Sport

In den Klassen aller Schulformen ist das Leistungsvermögen im Sport heterogen. Das Spektrum der motorischen Leistungsfähigkeit ist in allen Schulformen des Sekundarbereichs I ähnlich. Der Sportunterricht in der Sekundarstufe baut auf den individuellen Erfahrungen und den in der Grundschule erworbenen Fähigkeiten auf. Da die individuellen Voraussetzungen sehr unterschiedlich sind, ist im Sportunterricht ein hohes Maß an Differenzierung notwendig, um die Förderung aller zu ermöglichen.

Differenzierung ist ein Unterrichtsprinzip, das darauf ausgerichtet ist, den unterschiedlichen Anlagen, Fähigkeiten, Kenntnissen, Interessen und Neigungen der Schüler gerecht zu werden.

Unterrichtsprozess und Bewegungskönnen

Im Unterrichtsprozess sind dem Bewegungskönnen angemessene Ziele zu setzen und für alle Schüler Erfolgserlebnisse zu sichern. **Formen der „inneren" und „äußeren" Differenzierung sind zu nutzen.** Insbesondere werden sportlich talentierte Schüler gefördert, sportschwächere Schüler unterstützt und große Differenzen zwischen kalendarischem und biologischem Alter berücksichtigt[4]. Vor allem leistungsschwächere Schüler brauchen zum Erwerb der verpflichtend erwarteten Kompetenzen des Kerncurriculums vielfältige Übungsangebote, um bereits Gelerntes angemessen zu festigen. Die Verknüpfung mit bereits Bekanntem und das Aufzeigen von Strukturen im gesamten Kontext des Unterrichtsthemas erleichtern das Lernen.

Beispiel: Hockwende
Differenzierung durch unterschiedliche Aufgaben

Erlerntes wird gefestigt und auf neu zu lernende Bewegungsabläufe übertragen.

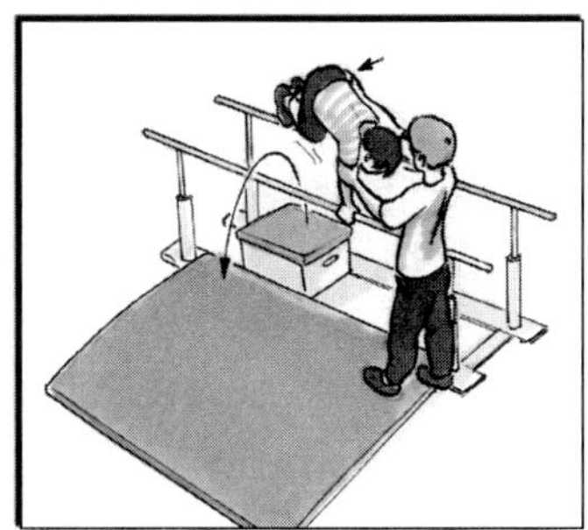

Für besonders Leistungsstarke werden Lernangebote bereitgestellt, die deutlich über den bereits an alle gestellten Anforderungen liegen und einen höheren Anspruch haben.[5]

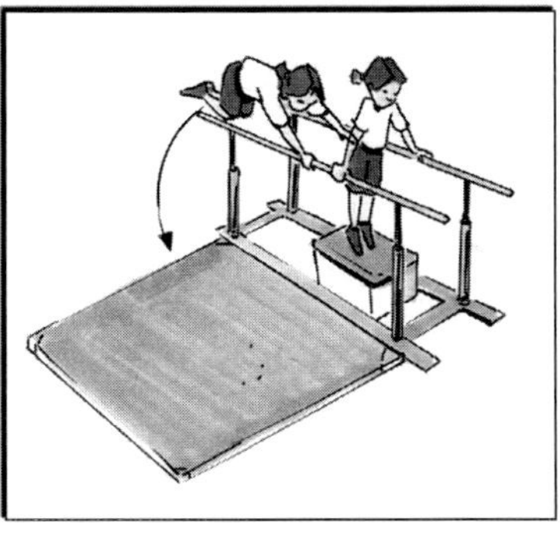
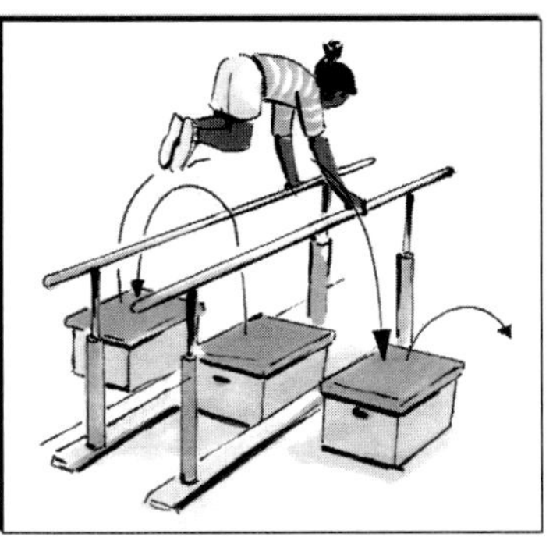

[4] Staatministerium für Kultus – Freistaat Sachsen – Lehrplan Gymnasium – Sport – S. 8

[5] Niedersächsisches Kultusministerium: Kerncurriculum für die Schulformen des Sekundarbereichs I – Schuljahrgänge 5-10, S. 9

Kerncurricula/Lehrpläne und Differenzierung

Differenzierter und individualisierter Sportunterricht
Das breit gestreute Leistungsspektrum der Schüler im Sekundarbereich I erfordert einen differenzierten und individualisierten Unterricht. Im Vordergrund steht dabei die innere Differenzierung, die den individuellen Lernvoraussetzungen und Leistungsständen sowie den unterschiedlichen Zugangsweisen zum Lernstoff und dem unterschiedlichen Lerntempo gerecht wird. Das erfordert vom Lehrer diagnostische Fähigkeiten und eine sorgfältige Analyse. Die darauf aufbauenden Lernschritte sollen weniger am Defizit als vielmehr am individuellen Lernfortschritt orientiert sein.

Innere Differenzierung und individuelle Lernvoraussetzungen
Die innere Differenzierung (Binnendifferenzierung) ist die bewusste Auseinandersetzung mit Heterogenität. Es wird versucht, der Unterschiedlichkeit der Schüler, unter Beibehaltung des Klassenverbandes, gerecht zu werden. Das Hauptziel besteht darin, Erfolgserlebnisse für schwache, starke, aber auch mittelstarke Schüler zu schaffen.

Beispiel: Kräftigung der Rückenmuskulatur
Differenzierung durch unterschiedliche Aufgaben

Eine weitere Möglichkeit der Differenzierung ist die Anzahl der Wiederholungen.

Manche Schüler üben so ...
- Bauchlage auf der Matte, die Schultern schließen mit er Mattenkante ab. Den Ball mit beiden Händen kräftig gegen die Sitzfläche der seitlich umgekippten Bank (Wand) stoßen, sodass er zu den Händen zurückkommt.

Andere Schüler üben so ...
- Bauchlage auf dem großen Kasten, die Hüften schließen mit der Kante ab. Die Hände werden an die Ohren gelegt oder leicht im Nacken verschränkt. Der Partner hält die leicht gegrätschten Beine fest, um ein Abrutschen zu verhindern (hierbei befinden sich die Füße des Übenden unter den Achseln des Helfers). Aufrichten bis in die Waagerechte, dann wieder absenken.
  Hinweise: Nicht über die Waagerechte hinaus aufrichten – Hohlkreuzbildung vermeiden!

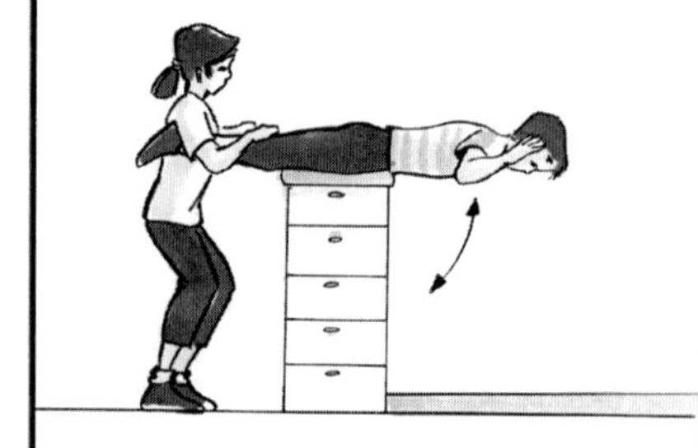

Besonders leistungsstarke Schüler üben so ...
- Bauchlage auf dem großen Kasten, die Hüften schließen mit der Kante ab. Beide Hände halten einen Medizinball (1-1,5 kg) im Nacken.

  Der Übungsablauf ist genauso wie in der vorherigen Übung.

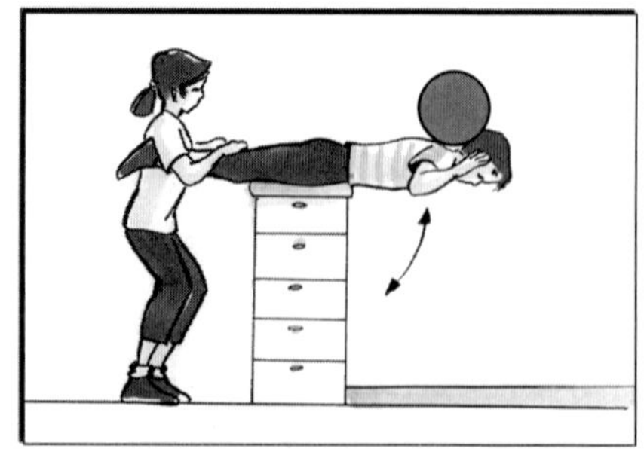

Aufgrund der individuellen Begabungen, Fähigkeiten und Neigungen sowie des unterschiedlichen Lernverhaltens sind differenzierende Lernangebote und Lernanforderungen unverzichtbar – ausgehend von den vorgegebenen Kompetenzen.[6]

[6] Niedersächsisches Kultusministerium: Kerncurriculum für die Schulformen des Sekundarbereichs I – Schuljahrgänge 5-10, S. 9

2 Kerncurricula/Lehrpläne und Differenzierung

Unterschiedliche Niveaustufen = differenzierter Lern- und Übungsprozess

Der Sportlehrer muss aufgrund seiner Erfahrungen und seiner Fachkompetenz in der Lage sein, die **Lernvoraussetzungen** seiner Schüler zu erkennen und einen **gemeinsamen Sportunterricht** mit **unterschiedlichen Lernangeboten**, Zugangsmöglichkeiten und evtl. Hilfen zu gestalten. Um die Selbsteinschätzung der Schüler zu fördern, stellt der Sportlehrer ein hohes Maß an Transparenz über die Lernziele und die Verbesserungsmöglichkeiten her. **Individuelle Lernfortschritte werden möglichst schnell berücksichtigt und dem Lernenden bewusst gemacht.**

Die erwarteten Kompetenzen im Fach Sport, die im Unterricht in einem **differenzierten Lernprozess** zu erwerben sind, beinhalten die Fähigkeit der Schüler zur Lösung einer Bewegungsaufgabe oder eines Bewertungsproblems. Sie zeigen außerdem, auf **welcher Niveaustufe** inhaltsbezogene Kompetenzen bei den Schülern zu entwickeln sind.

In der Regel gibt es in den Jahrgangsklassen der Sekundarstufe drei Niveaustufen …

Niveau		
Grundlegendes Niveau	Schüler mit schwachen motorischen Voraussetzungen und einer geringen physischen Belastungsfähigkeit	Diese benötigen Unterstützung in Form von leichteren (abgestuften) Bewegungsangeboten.
	Meistens eine kleinere Gruppe von Schülern, die eine besondere Aufmerksamkeit und Zuwendung des Sportlehrers benötigt, u. a. ein leichteres und abgestuftes Angebot, um zu Erfolgserlebnissen zu kommen.	
Mittleres Niveau	Schüler mit „durchschnittlichen" motorischen Voraussetzungen und einer „normalen" (erwarteten) physischen Belastungsfähigkeit	Hier gelten die Grundanforderungen – eine neue Bewegungsfertigkeit wird häufig über eine methodische Übungsreihe erlernt.
	Meistens die große mittlere Gruppe in der Klasse, die über eine methodische Übungsreihe die jeweilige Bewegungsfertigkeit in der Grobform lernt bzw. mit mittleren Wiederholungszahlen und Belastungszeiten übt.	
Erweitertes Niveau	Schüler mit guten bis sehr guten motorischen Voraussetzungen, komplexen Vorerfahrungen und einer hohen physischen Belastungsfähigkeit	Diese benötigen weiterführende und anspruchsvollere Aufgaben.
	Eine kleinere Gruppe von Schülern, die aber schnell die angestrebten Ziele erreichen („Lernen auf Anhieb") und dann anspruchsvollere Aufgaben benötigen – von der Grob- zur Feinform, Variationen und höhere Belastungen.	

Hinweis: Natürlich gibt es auch in jeder Niveaustufe weitere Unterschiede, die zu beachten sind. Die Übergänge zwischen den Niveaustufen sind fließend – Lernfortschritte werden beobachtet und berücksichtigt.

Differenzierung im Sportunterricht / SEK – Bestell-Nr. 13 020
Bewegungsaufgaben für alle Schüler

<u>Beispiel</u>: Lernen und Üben des Schleuderballwurfs
Differenzierung durch Bildung von Gruppen mit unterschiedlichem Niveau

Grundlegendes Niveau

Schleuderballwurf mit kurzer Schlaufe

Der Werfer steht in Seitgrätschstellung, d. h. beim Rechtshänder zeigt die linke Schulter in Wurfrichtung. Der Ball liegt hinter dem rechten Fuß. Der Schüler greift den Ball ganz unten an der Schlaufe (dort, wo Schlaufe und Ball verbunden sind) und wirft ihn sofort (ohne Zwischenschwung!) nach vorne ab.

Hinweise: Mehrmals wiederholen, bis der Bewegungsablauf immer sicherer wird. Es stehen sich immer 2 Schüler mit ausreichendem Abstand gegenüber.

Differenzierung: Ablauf wie vorher, aber mit betontem Hüft- und Armeinsatz – dem Ball lange „nachlangen".

Mittleres Niveau

Schleuderballwurf mit einer Auftaktbewegung

Der Schüler führt jetzt vor dem Abwurf eine Auftakt-Schwungbewegung aus: Den Ball mit kurzgefasster Schlaufe von hinten-unten seitwärts nach vorn-oben zur hochgehaltenen linken Hand (beim Rechtshänder) schwingen, danach sofort wieder zum Ausgangspunkt zurückkehren und anschließend den Ball wie gewohnt abwerfen.

Hinweise: Das auftaktartige Schwingen nach vorn-oben muss in der gleichen Richtung wie der eigentliche Wurf erfolgen („Einfühlen" in die Bewegung).

Differenzierung: Ablauf wie vorher, aber Werfen mit mittlerer oder langer Schlaufe.

Hinweise:

- Die Schlaufe des Schleuderballs liegt auf den zweiten Fingergliedern des Zeige-, Mittel- und Ringfingers. Der Daumen greift von oben auf die Schlaufe.
- Beim Wurf mit langer Schlaufe muss die Verbindung zwischen Wurfarm und der Schlaufe beachtet werden, d. h. die Schlaufe muss straff sein (= verlängerter Wurfarm).
- Mit langer Schlaufe erst dann werfen, wenn der Ablauf mit kurzer Schlaufe sicher ist.

Erweitertes Niveau

Schleuderballwurf mit Drehung

Die Auftaktbewegung ausführen und mit der Drehbewegung beginnen, wenn der Ball wieder den Ausgangspunkt erreicht hat (sich hinter dem rechtenn Fuß befindet).

Wichtige Hinweise für den weiteren Lern- und Übungsprozess:

Immer individuell und gezielt einsetzen!

- Beim Abwurf eilt die Schulter voraus, der Wurfarm folgt nach, anschließend erfolgt die schlagartige Abwurfbewegung.
- Insgesamt erfährt der Ball von Beginn der Drehung bis zum Abwurf eine stetige Beschleunigung.
- Bei der Drehbewegung sind die Beine gebeugt, beim Abwurf gestreckt.
- Die Drehbewegung erfolgt „in einem Zug".
- Die Schritte der Drehung müssen raumgewinnend sein (Vorwärtsbewegung).

Beispiel: Stützelnd am Barren vorwärts bewegen
Differenzierung durch Bildung von Gruppen mit unterschiedlichem Niveau

Grundlegendes Niveau

Vom kleinen Kasten auf den Barren steigen, dabei die Füße auf einer Holmseite und die Hände auf der anderen Holmseite platzieren. Sich nun langsam seitwärts stützelnd zur anderen Seite bewegen und am kleinen Kasten absteigen.

Mittleres Niveau

Vom kleinen Kasten in den Stütz springen und sich kleinschrittig stützelnd mit den Händen rechts und links im Wechsel vorwärts bewegen. Dabei die Körperspannung beibehalten und die Beine möglichst zusammenlassen. Von einem Kasten zum gegenüberliegenden Kasten ohne abzusetzen gelangen.

Erweitertes Niveau

Die Holme werden unterschiedlich eingestellt (ca. 30 cm Unterschied), d. h. der linke Holm ist tief eingestellt und verläuft schräg nach oben, der rechte Holm ist etwas höher eingestellt und verläuft schräg nach unten. Der Übende steht am Anfang der Holmengasse und springt in den Stütz. Nun sich langsam kleinschrittig stützelnd mit den Händen rechts und links im Wechsel vorwärts bewegen.

Hinweise: Die Belastung der Arme verändert sich durch die Holmstellung ständig, d. h. der Übende muss sich den ständig verändernden Bedingungen anpassen.

3 Jahrgangsklassen – Heterogenität – Fachkompetenz und Differenzierung

Klassenverband – Leistungsunterschiede – Sachverstand – Erfolgserlebnisse

Am Ende der Grundschulzeit wird für jedes Kind aufgrund seiner Noten, Leistungen, seinem Verhalten und seiner Lernentwicklung eine Schullaufbahnempfehlung ausgesprochen.

Grundlagen für die Schullaufbahnempfehlung sind u. a. ...

- der Leistungsstand;
- die Lernentwicklung während der Grundschulzeit;
- das Sozial- und Arbeitsverhalten;
- die Erkenntnisse aus den Gesprächen mit den Erziehungsberechtigten.

In den weiterführenden Schulen wie Haupt- und Realschulen, Oberschulen, Gesamtschulen und Gymnasium werden aufgrund der Zugänge/Meldungen aus den Grundschulen neue Jahrgangsklassen gebildet.

3.1 Jahrgangsklassen

Die häufig bemängelte geringe Effektivität und Intensität des normalen Sportunterrichts ist zu einem großen Teil der „Jahrgangsklasse“ zuzuschreiben. **Jahrgangsklassen** sind ein recht heterogenes Gebilde, deren Leistungsunterschiede im Sportunterricht deutlich auffallen. Es wird eben sofort sichtbar, wenn jemand beim 75 m Lauf immer wesentlich langsamer ist, beim Schlagballweitwurf weniger weit wirft, beim „Völkerball“ schnell abgeworfen wird und beim Dauerlauf schnell „schlapp“ macht. Im Sportunterricht ist nicht nur die motorische Lern-, sondern auch die physische Belastungsfähigkeit bedeutsam.

In der Sekundarstufe I wird der Sportunterricht in der Regel im Klassenverband von Fachlehrkräften erteilt. Für den Regelunterricht in der Sekundarstufe I gelten die Kernlehrpläne Sport Sek. I und die verbindliche Stundentafel, z. B. in den Klassen 5, 6, 7 = 3 Wochenstunden und in den Klassen 8, 9, 10 = 2 Wochenstunden.

Hinweise: In manchen Schulformen gibt es in einigen Fächern wie Englisch und Mathematik ab Klasse 7 und in Physik oder Chemie ab Klasse 9 einen **leistungsdifferenzierten Unterricht** (zwei Anspruchsebenen = Grund- und Erweiterungsebene).

In den Lerngruppen aller Schulformen ist das Leistungsvermögen im Fach Sport in der Regel heterogen. Das Spektrum der motorischen Leistungsfähigkeit ist dabei in allen Schulformen des Sekundarbereichs I ähnlich, weil sich die Schullaufbahnentscheidung hauptsächlich aus den kognitiven, weniger aus den motorischen Leistungen der Schüler ergibt. Unterschiede in den motorischen Fähigkeiten, Kenntnissen und Fertigkeiten entstehen vor allem durch die verschiedenen Erfahrungshintergründe der Lernenden im außerschulischen und schulischen Bereich.[1]

Zu den Besonderheiten des Faches Sport gehört auch die weit verzweigte Verknüpfung mit dem außerschulischen Sport. Ein großer Teil der Jungen und Mädchen betätigt sich in ihrer Freizeit sportlich und verfügt häufig über gute Sachkenntnisse in bestimmten Sportarten. Außerdem übertreffen manche Schüler in den sportlichen Leistungen ihre Sportlehrer, eine Tatsache, die in anderen Fächern nur selten auftritt.

[1] Niedersächsisches Kultusministerium Kerncurriculum für die Schulformen des Sekundarbereichs I Schuljahrgänge 5-10 Sport – S. 8

3.2 Fachkompetenz

Je mehr der Sportlehrer von „Motorik, Bewegung, Spiel und Spaß“ in seiner Gesamtheit versteht, sich also im Fach Sport insgesamt auskennt, je größer seine Fachkompetenz ist und er dabei auch die außerschulischen sportlichen Interessen seiner Schüler beachtet, desto mehr wird er auch von den Schülern „gehört“, verstanden und akzeptiert.

Nur so wird es ihm gelingen, geeignete methodische/organisatorische und differenzierende Maßnahmen auszuwählen und anzuwenden, um allen Schülern gerecht zu werden.

Differenzierungsmaßnahmen – gleich welcher Art – können stets nur auf der Grundlage der realen Gegebenheiten vor Ort getroffen werden.

Zweifellos ist ein Sportlehrer umso erfolgreicher, je mehr er von seinem Fachgebiet „versteht“. Eine breite Ausbildung in allen Schulsportarten, welche ...

- die Kenntnis von geeigneten „methodischen Übungsreihen“,
- die Fähigkeit der Zusammenstellung von Übungsprogrammen zur Schulung und Verbesserung koordinativer und konditioneller Fähigkeiten,
- den möglichen Einsatz von Gerät- und personellen Hilfen usw.

... beinhaltet, ist sicher von Vorteil, **weil der Sachverstand und das Verstehen/Eingehen auf individuelle Besonderheiten bei der Gestaltung differenzierender Maßnahmen im Sportunterricht eine wichtige Voraussetzung darstellt**.

Die Schüler einer heterogenen Jahrgangsklasse brauchen einen Sportunterricht, der die Vielfalt/Unterschiedlichkeit als Herausforderung und nicht als Hindernis begreift.

Hinweis: Die Frankfurter Bildungsforscherin Mareike Kunter ist dem Geheimnis guter Pädagogen seit vielen Jahren auf der Spur. Für das Max-Planck-Institut für Bildungsforschung untersuchte sie, welche Lehrerkompetenzen sich im Fach Mathematik positiv auf die Unterrichtsqualität auswirken. Entscheidend, so das Ergebnis der Studie, ist das **fachdidaktische, also lehrmethodische Wissen**.
Je mehr eine Lehrkraft darüber weiß, wie Fachinhalte verfügbar gemacht werden können, desto herausfordernder erleben Schüler den Unterricht.[2]

Die folgenden Übungsangebote veranschaulichen das gemeinsame Ziel „**Kräftigen der Rückenmuskulatur**“ in einer heterogenen Klasse der Sekundarstufe.

Damit alle Schüler aktiv mitmachen können, muss der Sportlehrer ein Übungsangebot bereithalten, das allen Schülern eine „aktive Teilhabe“ ermöglicht. Unter Berücksichtigung der individuellen Voraussetzungen kommen folgende Übungen (auch mit unterschiedlicher Wiederholungszahl) zur Anwendung.

[2] „Klasse Lehrer“ – Was Lehrer heute wirklich leisten müssen – Focus 41/11 vom 10. Oktober 2011

Beispiel: Kräftigen der Rückenmuskulatur
Differenzierung durch unterschiedliche Aufgaben und Anzahl der Wiederholungen

Bauchlage:
Oberkörper und Arme vom Boden anheben und einen Basket- oder Medizinball mit fast gestreckten Armen weit nach rechts und danach weit nach links rollen.

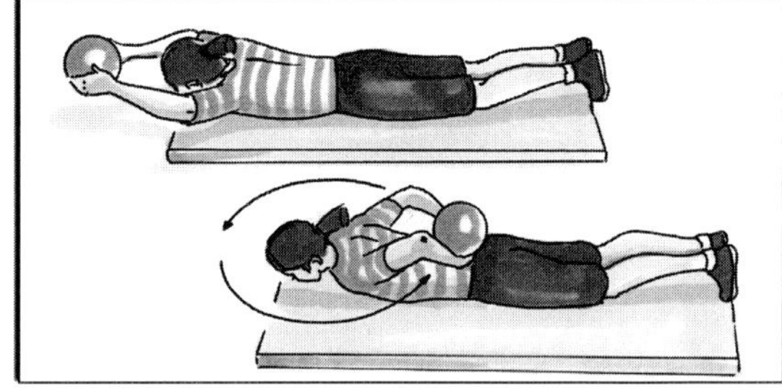

Bauchlage, die rechte Hand hält einen Ball: Oberkörper und Arme anheben und den Ball vor dem Kopf und hinter dem Rücken übergeben.
Hinweis: Während des Übens dürfen die Arme/ Hände und der Oberkörper den Boden nicht mehr berühren.

Bauchlage auf der Matte, die Schultern schließen mit der Mattenkante ab. Den Ball mit beiden Händen kräftig gegen die Sitzfläche der seitlich umgekippten Bank stoßen, sodass er zu den Händen zurückkommt. Den Ball mit beiden Händen annehmen und sofort wieder wegstoßen.
Hinweis: Die Arme und Hände dürfen während des Wegstoßens den Boden nicht berühren.

Grätschsitz zur Wand – Abstand ca. 2 m. Druckwurf mit dem Basketball (leichter Medizinball) gegen die Wand und Auffangen des zurückspringenden Balles. Anschließend Oberkörper in die Rückenlage absenken, den Ball dabei mit den Händen halten und in die Bauchlage drehen. Danach den Ball zum Partner rollen, dieser rollt den Ball schnell zum Übenden zurück. Dann wieder in die Rückenlage drehen und in den Grätschsitz aufrichten usw.

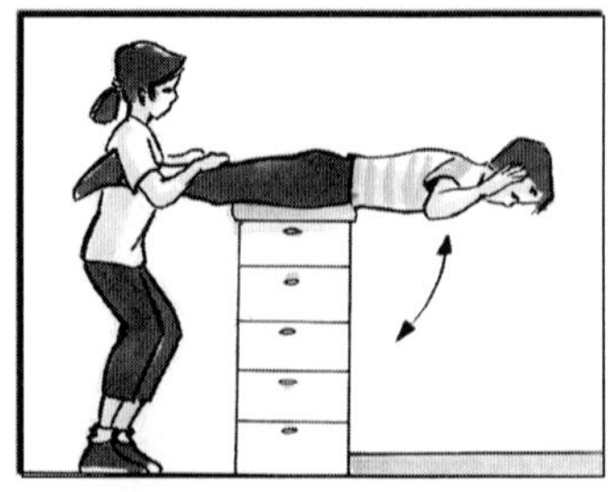

Bauchlage auf dem großen Kasten, die Hüften schließen mit der Kante ab. Die Hände werden an die Ohren gelegt oder leicht im Nacken verschränkt. Der Partner hält die leicht gegrätschten Beine fest, um ein Abrutschen zu verhindern (hierbei befinden sich die Füße des Übenden unter den Achseln des Helfers). Aufrichten bis in die Waagerechte, dann wieder absenken.
Hinweise: Nicht über die Waagerechte hinaus aufrichten – Hohlkreuzbildung vermeiden!

Bauchlage auf dem großen Kasten, die Hüften schließen mit der Kante ab. Beide Hände halten einen Medizinball (1-1,5 kg) im Nacken.
Der Übungsablauf ist genauso wie bei der vorherigen Übung.

Erfolgserlebnisse

Auch und gerade in der Sekundarstufe gilt: Den Schülern muss der Sportunterricht Spaß machen und nachhaltig in freudiger Erinnerung bleiben. Hierbei sind nicht nur die Unterrichtsinhalte, sondern insbesondere Gestaltung und Organisation des Unterrichts gemeint. Der Sportunterricht muss so gestaltet und organisiert werden, dass in der Regel möglichst alle Schüler schnell zu „Erfolgserlebnissen" kommen, d. h. jeder Schüler muss das Gefühl haben: „Ich kann das schaffen" oder „Ich kann das". Dadurch steigt das Selbstwertgefühl und die Motivation bleibt erhalten.

Diese Zielstellungen werden nur dann erreicht, wenn der gesamte Lern- und Übungsprozess methodisch gut überlegt und „kleinschrittig" differenziert aufgebaut ist. Situationen und Aufgaben müssen **innere und äußere Differenzierung** ermöglichen und unterschiedliche Bewegungserlebnisse zulassen. Die Fachkonferenz kann Vorschläge zur äußeren Differenzierung unterbreiten. Die Formen der äußeren Differenzierung sind abhängig von den organisatorischen, personellen und sachlichen Möglichkeiten der Schule.[3]

Lernerfolge durch Differenzierung ermöglichen

Unter einer differenzierten Gestaltung des Unterrichts verstehen wir, einen im Prinzip einheitlichen Lern- und Übungsprozess durch methodische und organisatorische Varianten für einzelne Schüler oder Gruppen anzureichern.[4]

Folgende Punkte müssen dabei immer berücksichtigt werden:

- Eine kontinuierliche Differenzierung sorgt dafür, dass die Schüler eine ihrem Leistungsniveau entsprechende Übung ausführen bzw. festigen. Auf dieser Basis kann später weiter aufgebaut werden.
- Mit ansteigendem Schwierigkeitsgrad der Vorübungen (Lernschritte) erreichen immer mehr Schüler ihre Leistungsgrenze.
- Der Lernfortschritt eines jeden einzelnen Schülers muss beobachtet und berücksichtigt werden, damit die Leistungsmöglichkeiten eines jeden einzelnen entsprechend der Thematik voll ausgeschöpft werden kann. In der Sekundarstufe kann auch immer mehr die Selbsteinschätzung der Schüler mit einbezogen werden.
- Durch eine klare und transparente Differenzierung wird jeder Schüler entsprechend seinen motorischen Voraussetzungen angesprochen und gefordert bzw. gefördert. Daraus ergeben sich die positiven Punkte wie Einsatzbereitschaft und Leistungswille, Freude an der Bewegung/am Sport und das Erleben von Erfolgen.

[3] Niedersächsisches Kultusministerium – Kerncurriculum für die Schulformen des Sekundarbereichs I – Schuljahrgänge 5-10 Sport – S. 9

[4] Lütgeharm, R.: Turnen & Sport 9/72: Überlegungen zur differenzierten Gestaltung des Sportunterrichts in Schule und Verein

Beispiel: Lernen und Üben der Flugrolle
Innere Differenzierung

Ausgangspunkt der Überlegungen ist die Rolle vorwärts.

Einstiegsübung: Rolle vorwärts aus dem Knie- oder Hockstand von der Turnbank

Beim Rollen etwas weiter nach vorne greifen.

Hinweise: Schon bei dieser Übung setzt die laufende Differenzierung ein. Der Sportlehrer schickt nur die Schüler zur nächsten Station, die die Aufgabe mehrmals korrekt ausgeführt haben.

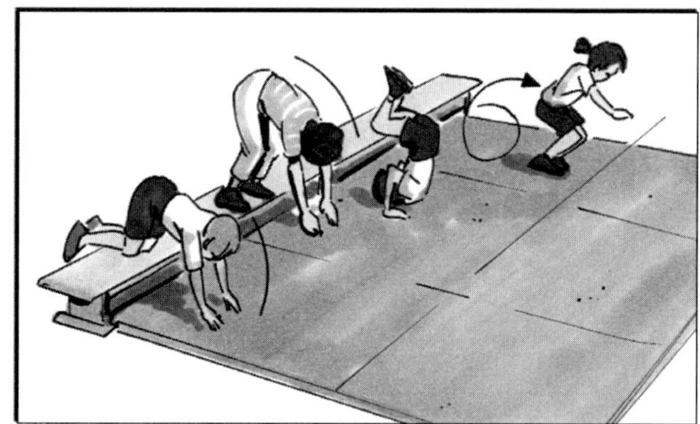

Rolle vorwärts von der schrägen Ebene

Jeder Schüler sucht sich die entsprechende Höhe auf der Schrägen.

Mit leicht gewinkelten Hüften nach vorn fallen lassen und den weit nach vorn greifenden Armen nachspringen: erst springen, dann stützen, dann rollen.

Hinweis: Zunächst weit unten auf der Schrägen beginnen und nach erfolgreichen Versuchen langsam weiter nach oben gehen.

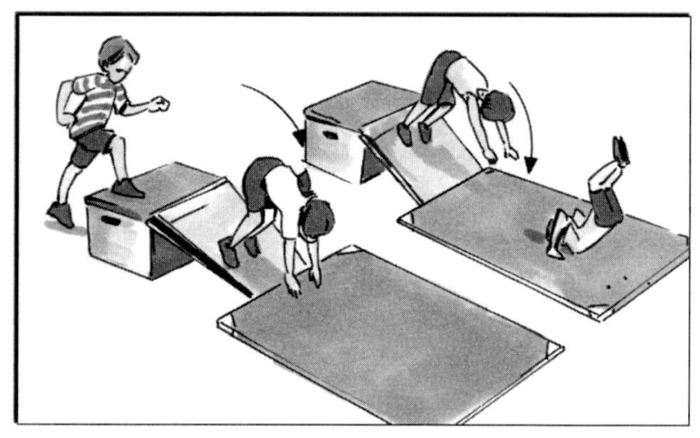

Differenzierung: Der Sportlehrer schickt nur die Schüler zur nächsten Station, die weit oben abgesprungen sind und die Aufgabe mehrmals korrekt ausgeführt haben.

Flugrolle aus dem Stand vom hüfthohen großen Kasten

Schlusssprung auf das Sprungbrett. Die Körperspannung beibehalten und kraftvoll vom federnden Brett abspringen: erst springen, dann stützen, dann rollen.

Hinweis: Zwischendurch wird diese Übung von einigen Schülern vorgemacht, dabei wird auf die Flugphase hingewiesen.

Differenzierung: Der Sportlehrer beobachtet und schickt nur die Schüler zur nächsten Station, die die Aufgabe mehrmals korrekt ausgeführt haben.

Mit 3-5 Schritten Anlauf eine Flugrolle turnen

Auf dem Kastendeckel wird nur der letzte Schritt ausgeführt, der Absprung erfolgt mit beiden Beinen vom Sprungbrett.

Hinweise: Aus dem zunächst vorsichtigen Anlauf erfolgt der Auftaktschritt auf den Kastendeckel. Die mitgebrachte Anlaufgeschwindigkeit möglichst flüssig in den beidbeinigen Absprung umsetzen. Die Landung erfolgt auf einer doppelten Mattenlage.

Kurzer Anlauf und Flugrolle über den kleinen Kasten

Der Absprung erfolgt aus dem Lauf heraus mit einem Bein.

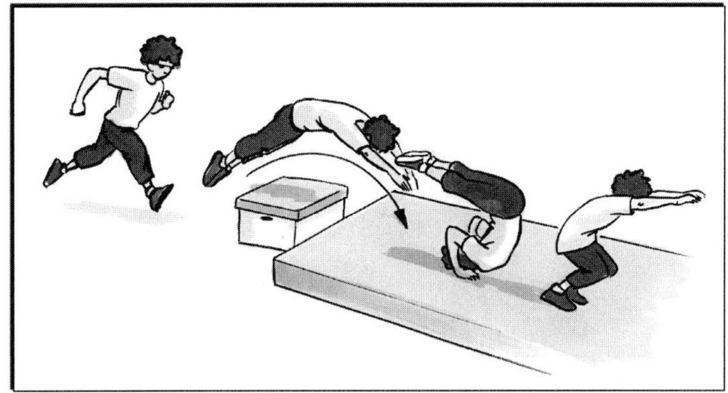

Hockwende an der Turnbank, kurzer Anlauf, Absprung und Flugrolle über den kleinen Kasten

Die Gestaltung und Organisation des Sportunterrichts orientiert sich erfahrungsgemäß meistens an einem „angenommenen" Durchschnitt der Schüler – der breiten Mitte der Klasse, d. h. schwächere Schüler werden häufig „überfordert" und leistungsstärkere Schüler oft „unterfordert".

In der Praxis geht der Sportlehrer bei der Planung aufgrund seiner Erfahrung und unter Berücksichtigung der zu unterrichtenden Schüler von Übungen aus (Einstiegsübungen), die für einen großen Teil der Schüler ausführbar bzw. erlernbar sind.
Diese Übung wird dann meistens von einer großen Anzahl der Schüler in der Grobform mit unterschiedlichen Qualitäten ausgeführt. Es folgen nun weitere, aufbauende Übungen (Lernschritte) und differenzierende Maßnahmen.
Die ausgewählte Einstiegsübung wird im Verlauf der Sportstunde zwar weiter im Blick behalten, aber nun kleinschrittig verändert, d. h. evtl. unter erleichterten und/oder erschwerten Bedingungen angeboten, so dass jeder Schüler aktiv mitmachen und die angestrebten Ziele erreichen kann.

Differenzierung im Sportunterricht / SEK
Bewegungsaufgaben für alle Schüler – Bestell-Nr. 13 020

<u>Beispiel</u>: Kräftigung der Bauchmuskulatur
Differenzierung durch Veränderung der Ausgangsübung und Anzahl der Wiederholungen

(Ausgangsübung in der Bildmitte, dann nach oben oder unten differenziert)

Höhere Anforderungen

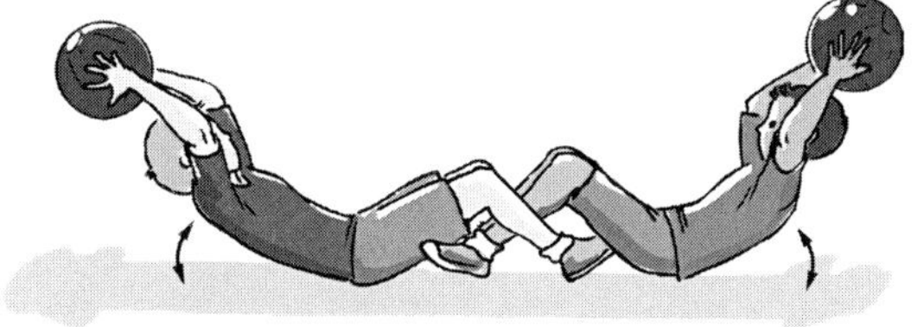

Im Strecksitz die Füße über das Kastenteil führen und dort den angereichten Ball (Medizinball) mit beiden Füßen annehmen. Danach sofortiges Anhocken mit anschließendem Strecken in die Kastenteilöffnung, um dort den Ball wieder abzugeben. Danach die Füße wieder über das Kastenteil führen usw.

Gegenüber im Hocksitz mit leicht geöffneten Knien. Die Füße werden gegenseitig unter die Oberschenkel des Partners geschoben. Den Medizinball mit den Händen über Kopf halten, gemeinsam langsames Absenken des Rumpfes in die Rückenlage mit Bodenkontakt und anschließend wieder Aufrichten in die Ausgangslage.

– Ausgangsübung –

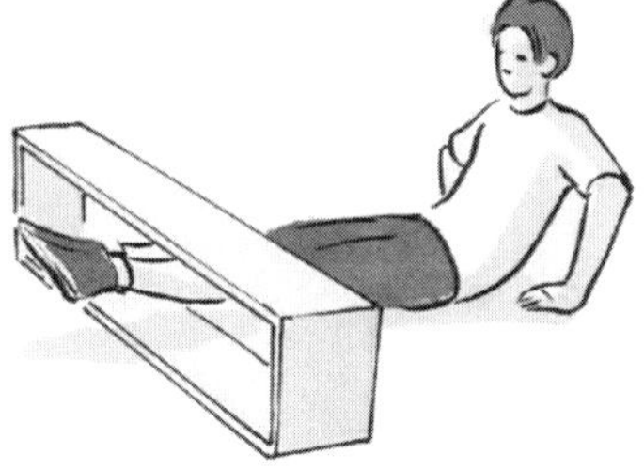

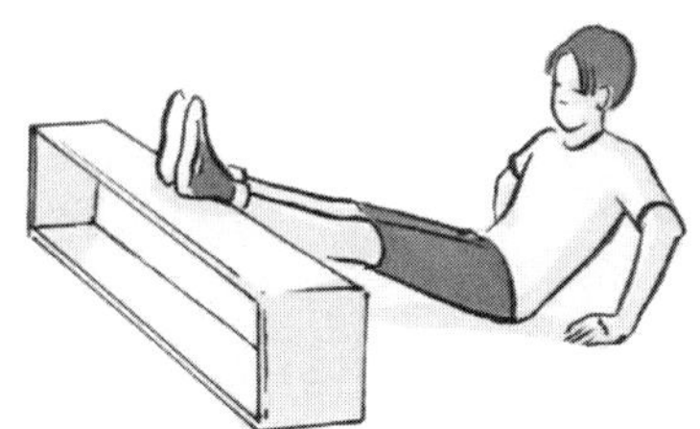

Strecksitz an der Längsseite des Kastenteils, die Hände stützen seitlich ab. Die Füße in das Kastenteil hinein strecken, danach leicht anhocken und über das Kastenteil heben. Danach wieder anhocken und die Füße erneut in das Kastenteil hinein strecken usw.

Geringere Anforderungen

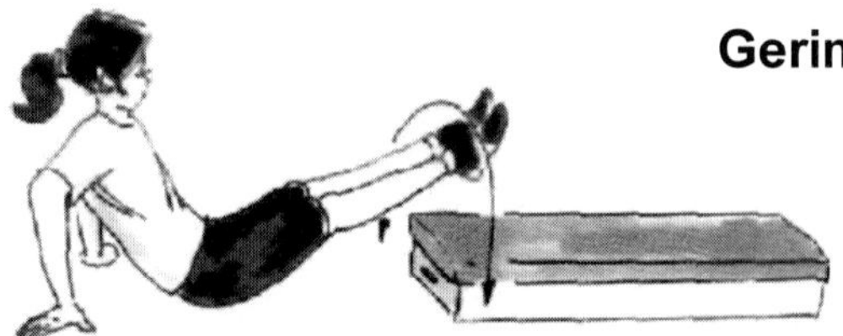

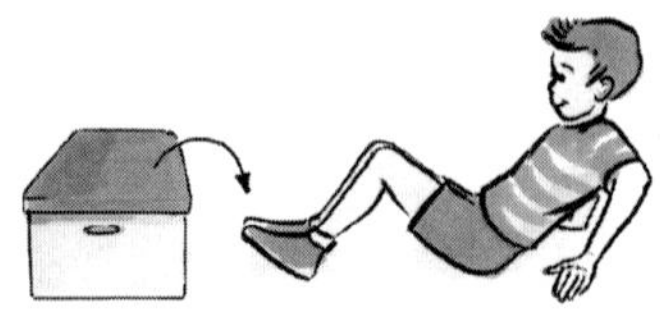

Strecksitz, die Hände stützen seitlich neben dem Körper ab. Die gestreckten Beine über den Kastendeckel führen und auf der anderen Seite ablegen, dann wieder zurück in die Ausgangsstellung.

Sitz mit leicht gebeugten Knien, die Hände stützen seitlich ab. Anheben der Beine und kurzes Aufsetzen der Füße auf die Kastenkante. Anschließend die Füße wieder auf den Boden tippen.

Beispiel: Lernen und Üben des Handstützüberschlages
Differenzierung durch erleichterte bzw. erschwerte Bedingungen

Ausgangsübung ist das Aufschwingen in den Handstand gegen die Wand mit Partnerunterstützung (siehe Bildmitte). Der Sportlehrer beobachtet die Ausführung der Schüler und stellt danach weitere Aufgaben, die manchmal auch unterhalb der Ausgangsübung liegen. Wichtig ist, dass die individuelle Lernentwicklung des jeweiligen Schülers weiter voranschreitet.

Höhere Anforderungen

Handstütz-Überschlag vom dreiteiligen Kasten mit Hilfeleistung
Die Helfer stehen rechts und links vom Übenden und unterstützen mit der inneren Hand den Rücken des Schülers – drücken ihn damit in die leichte Überstreckung. Mit der äußeren Hand fassen sie von der Anlaufseite den Oberarm des Übenden und begleiten ihn damit bis in den sicheren Stand.

Handstütz-Überschlag vom kleinen Kasten
Anlauf auf der Bank – weiter Auftaktschritt – die Hände stützen auf den kleinen Kasten: „Lass die Hände hinter dem Kopf und drücke mit den Armen lange nach." Die Landung erfolgt auf den Fußballen, der Kopf bleibt leicht im Nacken.
Die Hilfen links und rechts stehen (knien) seitlich vom Übenden und fassen jeweils mit der inneren Hand auf die Schulter des Übenden und geben Drehhilfe.

– Ausgangsübung –

Aufschwingen in den Handstand gegen den Weichboden
Der Schwungbeineinsatz ist so intensiv, dass das Schwungbein kräftig gegen den Weichboden schwingt (muss deutlich erkennbar sein).

Geringere Anforderungen

Handstand an der Wand
Hände über Kopf. Den Handeinsatz auf der Matte durch Kreidestriche markieren. Das Aufschwingen in den Handstand wird durch Helfer rechts und links durch Griff an den Oberschenkeln unterstützt.

Aufschwingen in den Handstand in Dreiergruppen
Die Helfer stehen rechts und links vom Übenden, fassen am Oberschenkel zu und sichern das Aufschwingen.

4 Unterrichtsprinzip Differenzierung

Begriff – Notwendigkeit – Ziele – Effektivität

Der Begriff der Differenzierung umfasst alle organisatorischen und methodischen Bemühungen, die darauf abzielen, den individuellen Begabungen, Fähigkeiten, Neigungen und Interessen einzelner Schüler oder Schülergruppen innerhalb einer Schule oder Klasse gerecht zu werden.

Unter einer differenzierten Gestaltung des Unterrichts verstehen wir, dass ein im Prinzip einheitlicher Lern- und Übungsprozess durch methodische und organisatorische Varianten für einzelne Schüler oder Gruppen angereichert wird.

4.1 Begründung und Notwendigkeit

Die Notwendigkeit von Differenzierungsmaßnahmen ist begründet durch die Aussagen und Zielsetzungen unseres Schulsystems, jedem Schüler die größtmögliche Förderung zukommen zu lassen, die länderübergreifend in den Kerncurricula/Lehrplänen der Bundesländer zum Ausdruck gebracht werden.

Differenzierung im Sportunterricht der Sekundarstufe I bezieht sich auf alle methodischen Bemühungen und Maßnahmen, den individuellen Voraussetzungen, Begabungen, Fähigkeiten, Neigungen und Interessen der Schüler gerecht zu werden.

Da die individuellen Voraussetzungen der Schüler in Bezug auf Bewegung in der Regel sehr unterschiedlich sind, ist im Sportunterricht ein hohes Maß an Differenzierung notwendig, um dem Prinzip der Förderung aller gerecht zu werden.[1] Im Unterrichtsprozess sind dem Bewegungskönnen angemessene Ziele zu setzen und für alle Schüler Erfolgserlebnisse zu sichern. Formen der „äußeren“ und „inneren“ didaktisch-methodischen Differenzierung sind zu nutzen. Insbesondere werden sportlich talentierte Schüler gefördert, sportschwächere Schüler unterstützt und große Differenzen zwischen kalendarischem und biologischem Alter berücksichtigt.[2]

Beispiel: Kniebeuge in Variationen
Differenzierung durch unterschiedliche Aufgaben

Schwächere Schüler unterstützen – talentierte Schüler fördern

[1] Hessisches Kultusministerium: Lehrplan Sport – Bildungsgang Realschule – Jahrgangsstufen 5-10 – S. 18

[2] Staatsministerium für Kultus – Freistaat Sachsen – Lehrplan Gymnasium – Sport – S. 8

4 Unterrichtsprinzip Differenzierung

Auch in der Sekundarstufe I haben es Sportlehrer innerhalb einer Jahrgangsklasse mit einer großen Heterogenität – einer „unterschiedlichen sportlichen Vergangenheit" – zu tun und müssen den daraus entstehenden Anforderungen gerecht werden.

In einer Klasse sind u. a.:

- Schüler mit geringen Bewegungserfahrungen, d. h. sie verfügen über wenig Vorerfahrungen im motorischen Bereich;
- leistungsschwache Schüler mit nur gering entwickelten motorischen Voraussetzungen, d. h. muskulär schwache, kleine, große und schlaksige Kinder sowie auch zurückgebliebene Kinder;
- leistungsstarke Schüler mit guten motorischen Voraussetzungen und komplexen Bewegungserfahrungen, die sich in ihrer Freizeit regelmäßig sportlich betätigen;
- Schüler mit körperlichen Beeinträchtigungen wie Übergewicht, koordinativen Störungen, konditionellen Schwächen und Hemmungen etc.

Die didaktische Konsequenz aus diesem Problem besteht darin, dass Differenzierung zum durchgehenden Prinzip des Sportunterrichts wird.

4.2 Differenzierung und pädagogische Ziele

Differenzierung im Sportunterricht der Sekundarstufe I ist eine Herausforderung für alle Sportlehrer, da in keinem anderen Fach die Bandbreite unterschiedlicher Voraussetzungen und Fähigkeiten so groß und sofort sicht- und erkennbar ist, wie im Sportunterricht.

Der Sportunterricht muss so gestaltet und organisiert werden, dass in der Regel möglichst viele Schüler „Erfolgserlebnisse" haben, sodass jeder Schüler das Gefühl bekommt: „Ich habe es geschafft – ich kann das!" Dadurch steigt ihr Selbstwertgefühl und sie trauen sich etwas zu. Diese Zielsetzungen werden nur dann erreicht, wenn der Lern- und Übungsprozess kleinschrittig und differenziert gestaltet wird.

Durch eine fortwährende Differenzierung ist gewährleistet, dass die Schüler eine ihrem Leistungsniveau entsprechende Aufgabe bzw. Übung erhalten und auch ausführen können.

Mit und durch Differenzierungsmaßnahmen wird die Effektivität bzw. der Wirkungsgrad des Unterrichts erhöht.

Pädagogisches Ziel im Sportunterricht muss es sein, ein gemeinsames Lernen und Üben von Schülern mit unterschiedlichen Voraussetzungen zu ermöglichen und dabei den individuellen Voraussetzungen, Vorerfahrungen, Fähigkeiten und Fertigkeiten gerecht zu werden.

4 Unterrichtsprinzip Differenzierung

Beispiel: Kräftigung der Arme und Schultern
Differenzierung durch unterschiedliche Aufgaben und Anzahl der Wiederholungen

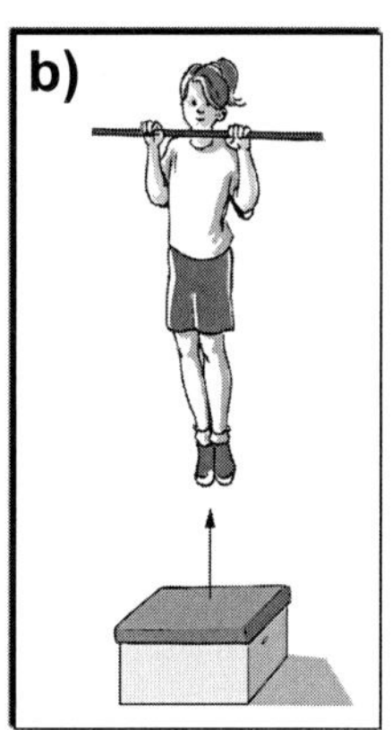

a) Der Schüler steht mit gebeugten Armen an einer Seite des Barrens und fasst mit beiden Händen schulterbreit einen Holm, die Füße werden am Grundrahmen des Barrens fixiert. Nun vorsichtiges Strecken der Arme, sodass der Körper in eine Schräglage kommt. Danach Anziehen der Arme, sodass man über den Holm schauen kann.

b) Vom kleinen Kasten in den Hang springen und sofort einen Klimmzug ausführen, bis das Kinn sich über der Reckstange befindet. Anschließend die Arme strecken und wieder auf den kleinen Kasten springen.

c) Aus dem Stand unter dem sprunghohen Reck in den Beugehang springen und versuchen, über die Stange zu schauen.

d) Mit schulterbreit gefassten Händen in den Hang springen. Mit gestrecktem Körper und geschlossenen Beinen bis zum anderen Reckpfosten hangeln.

Wiederholungen: je nach Leistungsstand – manche üben 5-7mal, andere üben 10-15mal, das gilt auch für die folgenden Übungen.

Beispiel: Outdoor-Fitness – 3 Stationen
Differenzierung durch unterschiedliche Aufgaben und Anzahl der Wiederholungen

Ganzkörperspannung – Rumpf – Arme – Schultern – Beine

Unterarmstütz:

In der Bauchlage sich mit den Unterarmen abstützen. Die Beine sind hüftbreit geöffnet, die Füße werden mit den Zehen aufgesetzt. Nun den ganzen Körper vom Boden abheben, so dass eine gerade Linie entsteht. Der Blick geht zum Boden, der Kopf bleibt in Verlängerung der Wirbelsäule. Die Position ca. 10 Sekunden halten, dann wieder in die Bauchlage absenken.

Wiederholungen: je nach Leistungsstand – manche üben 5-7mal, andere üben 8-12mal

4 Unterrichtsprinzip Differenzierung

Unterarmstütz mit Anheben eines Beines

<u>Wiederholungen</u>: manche üben 5-7mal, andere üben 8-12mal

Bein anheben = schwerer

Kräftigung Arm-, Brust- und Schultermuskulatur
Liegestütz vorlings:

Mit den Händen schulterbreit auf der Sitzfläche (oder Lehne) der Bank abstützen, die Finger zeigen dabei nach vorne. Beugen der Arme – der Blick geht zum Boden – anschließend die Arme wieder strecken.

<u>Hinweise</u>: Während der Übung immer die Körperspannung halten. Gesäß und Schultern bleiben auf einer Linie – kein Hohlkreuz!!

<u>Wiederholungen</u>: je nach Leistungsstand – manche üben 5-8mal, andere üben 9-15mal

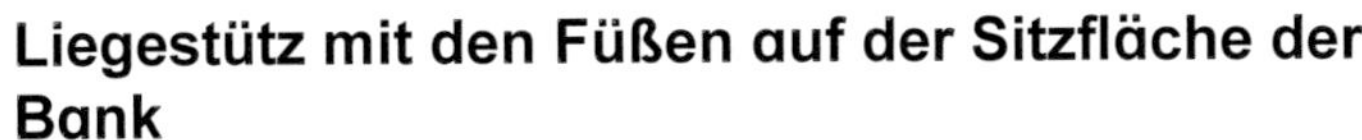

Liegestütz mit den Füßen auf der Sitzfläche der Bank

<u>Wiederholungen</u>: manche üben 6-9mal, andere üben 10-15mal

Füße höher = schwerer

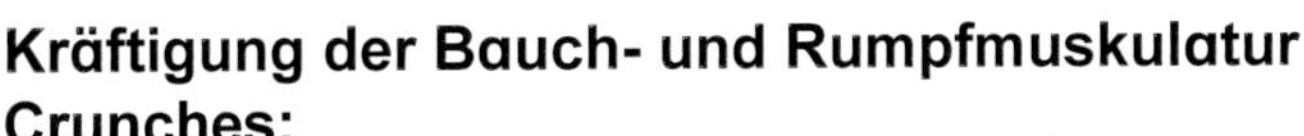

Kräftigung der Bauch- und Rumpfmuskulatur
Crunches:

Rückenlage – Füße aufsetzen und die Hände ins Genick nehmen oder an die Ohren legen. Der Partner hält die Füße fest. Nun langsam Aufrollen des Rumpfes, wobei der Kopf die Bewegung einleitet. So weit einrollen, bis der obere Beckenkamm gerade noch Bodenkontakt hat. Rollentausch vornehmen.

<u>Hinweise</u>: Mit geradem Rücken langsam aufrollen – nicht schwunghaft, die Füße haben immer vollen Bodenkontakt und den Atem immer weiter fließen lassen (nicht pressen). Einen Moment aufgerichtet bleiben, dann wieder langsam in die Rückenlage abrollen.

<u>Wiederholungen</u>: je nach Leistungsstand – manche üben 5mal, andere üben 10mal

Crunches:

Zu zweit gegenüber – die Füße werden nebeneinander aufgesetzt und fixiert – man gibt sich gegenseitig Halt.

<u>Wiederholungen</u>: je nach Leistungsstand – manche üben 5mal, andere üben 10mal

Füße gegenseitig fixiert = schwerer

4 Unterrichtsprinzip Differenzierung

Mit den vielfältigen Möglichkeiten von Differenzierungsmaßnahmen wird eine weitgehende Anpassung des Sportunterrichts an die Fähigkeiten und Interessen des Schülers angestrebt, um jeden Schüler optimal zu fördern und die Effektivität des Unterrichts zu erhöhen. **Man bezeichnet einen solchen Unterricht auch als einen „adaptiven Sportunterricht".**[3]

Differenzierung bezeichnet die Ausrichtung der unterrichtlichen Maßnahmen auf die unterschiedlichen Leistungsfähigkeiten der Schüler.

Diese Definition besagt bereits zweierlei, nämlich dass …

- der Grund für die Differenzierung stets in irgendwelchen „Differenzen" in der Leistung oder Leistungsfähigkeit der Schüler liegt;
- die Mittel der Differenzierung aus der situationsgerechten Anwendung aller unterrichtlichen (didaktischen, methodischen, organisatorischen, psychologischen usw.) Maßnahmen bestehen.[4]

<u>Beispiel</u>: Stützkraftschulung – Kräftigung der Arm- und Schultermuskulatur
Differenzierung durch unterschiedliche Aufgaben

Durch eine klare und transparente Differenzierung wird jeder Schüler entsprechend seiner Voraussetzungen/Möglichkeiten angesprochen und gefordert. Daraus ergeben sich die positiven Punkte wie Erfolgserlebnisse, Freude an der sportlichen Betätigung, Einsatzbereitschaft, Leistungswille usw.

- Differenzierung ist ein zentrales Element eines jeden Unterrichts, das auf eine Förderung von Lernkompetenz und Lernentwicklung abzielt.
- Differenzierung ermöglicht eine weitgehende Anpassung des Unterrichts an die Interessen und Fähigkeiten des Schülers mit der Zielsetzung, jeden Schüler optimal zu fördern.
- Differenzierung zielt grundsätzlich auf die Stärkung der Schüler und ihrer Potenziale ab und ist durch Ermutigung, Empathie und Unterstützung gekennzeichnet.

[3] Adaptiver Unterricht ist ein Unterrichtsprinzip, das versucht, eine optimale Passung zwischen Schülervoraussetzungen sowie dem Unterricht und den darin enthaltenen Lernangeboten herzustellen.

[4] Söll, W.: SPORTunterricht – sportUNTERRICHTEN, S. 118

5 Grundformen der Differenzierung

Leistungs- und Interessendifferenzierung – äußere und innere Differenzierung

„Der Begriff Differenzierung umfasst alle organisatorischen und methodischen Bemühungen, die darauf abzielen, den individuellen Begabungen, Fähigkeiten, Neigungen und Interessen einzelner Schüler oder Schülergruppen innerhalb einer Schule oder Klasse gerecht zu werden.“ (Klafki)[1]

Durch und mit Differenzierungsmaßnahmen erfolgt eine weitgehende **Anpassung des Sportunterrichts** an die Fähigkeiten und Interessen des Schülers/der Schüler, um jeden Schüler **optimal zu fördern**.

Durch differenzierende Maßnahmen wird jeder Schüler entsprechend seiner Voraussetzungen/Vorerfahrungen/Möglichkeiten angesprochen und gefordert bzw. gefördert. Der einzelnen Schüler fühlt sich „**beachtet und mitgenommen**“, hat mehr Freude am „sportlichen Tun“ sowie Erfolgserlebnisse und zeigt mehr Einsatzbereitschaft und Leistungswillen.

Der Sportlehrer muss aufgrund der Ausgangslage den Lernfortschritt eines jeden einzelnen Schülers beobachten und berücksichtigen, damit entsprechende Tipps, Hinweise und methodische Maßnahmen den weiteren Lern- und Übungsprozess unterstützen.

Der Unterricht in der Sekundarstufe findet in der Regel im Klassenverband statt, das gilt auch für den Sportunterricht.

Die Auswahl, Eignung und Umsetzung möglicher Differenzierungsmaßnahmen muss immer unter Berücksichtigung des Sportunterrichts in der Jahrgangsklasse erfolgen.

<u>Wichtige Hinweise</u>:

- Zum besseren Verständnis werden zunächst die **Grundformen der Differenzierung** genannt, erläutert sowie in einer Übersicht dargestellt. So erhält der Sportlehrer auf einen Blick umfassende Kenntnisse über die Grundformen der Differenzierung.
- Anschließend werden die **äußere und innere Differenzierung** mit einem zweiten Schaubild genauer dargestellt und erläutert.
- Im Vergleich der äußeren und inneren Differenzierung wird schon zum Ausdruck gebracht, welche **besondere Bedeutung die innere Differenzierung für den Sportunterricht** in der Sekundarstufe hat.
- Anschließend wird deutlich gemacht, dass die innere Differenzierung auf **didaktischer und methodischer Ebene** erfolgt.
- Es folgt die Übersicht zur **didaktischen Differenzierung** mit den entsprechenden Unterpunkten. Hierbei wird deutlich, dass die didaktische Differenzierung teilweise auch in der Sekundarstufe gut anwendbar ist.
- Es schließt sich die ausführliche Darstellung der **methodischen Differenzierung** und ihrer besonderen Bedeutung aufgrund der Wahrung des Klassenverbandes für den Sportunterricht in der Sekundarstufe an.

[1] In: Groothoff/Stallmann, Neues Pädagogisches Lexikon, Stuttgart 1971

KOHL VERLAG Differenzierung im Sportunterricht / SEK Bewegungsaufgaben für alle Schüler – Bestell-Nr. 13 020

5 Grundformen der Differenzierung

In der sportdidaktischen Literatur wird eine Einteilung der in der Sportpraxis entstandenen Maßnahmen auf zwei Ebenen vorgenommen.

Einmal teilt man die Maßnahmen:

- zum einen in solche der Leistungs- und Interessendifferenzierung
- zum anderen mehr unter organisatorischen Gesichtspunkten in solche der inneren und äußeren Differenzierung ein.

Grundformen der Differenzierung

- **Niveau- oder Leistungsdifferenzierung**
  Unterschiedliche Fähigkeiten und Leistungsvoraussetzungen der Schüler, Kurssysteme
- **Interessen- oder Wahldifferenzierung**
  Ausrichtung des Unterrichts auf die unterschiedlichsten Interessen und Neigungen der Schüler
- **Äußere Differenzierung**
  Schularten, -zweige, -klassen und Kursgruppen
- **Innere Differenzierung**
  Versuch, die Lernprozesse auf das Begabungs- und Leistungsgefälle sowie auf die Interessendivergenzen innerhalb einer Lerngruppe auszurichten (Söll)

5 Grundformen der Differenzierung

Differenzierung
(aus Memmert, W.: Didaktik in Grafiken und Tabellen, S. 92)

Äußere Differenzierung

in allen Fächern
Parallel-Klassen mit unterschiedlichem Leistungsstand (Streaming)

in den Hauptfächern
Fach-Leistungs-Kurse (FLK),
Kern-Kurs-System (Setting)

in Neben- und zusätzlichen Fächern
Wahlfächer,
Wahlpflichtfächer,
Arbeits-Gemeinschaften (AGs)

durch zeitlich begrenzte Nachhilfe
Förderkurse,
Stützkurse,
Liftkurse

Innere Differenzierung
Binnendifferenzierung

Innerhalb des Klassenverbandes

inhaltlich:
unterschiedliche Aufgabenstellungen und Lernziele

methodisch:
unterschiedliche Schüleraktivitäten, Lernschritte und Lehrerhilfen

medial:
unterschiedliches Arbeits- und Anschauungsmaterial

sozial:
unterschiedliche Sozialformen (Gruppen-, Partner- und Einzelarbeit)

5 Grundformen der Differenzierung

5.1 Äußere Differenzierung (organisatorische Differenzierung)

Grundsätzlich basiert das deutsche Schulsystem auf dem Organisationsprinzip der äußeren Differenzierung. Äußere Differenzierung bedeutet, dass Schüler nach bestimmten Kriterien wie Alter, Leistungsniveau, Interessen, in Gruppen aufgeteilt, unterrichtet werden. Das vorherrschende System der Jahrgangsstufen ist ein Beispiel für äußere Differenzierung. Ebenso der Unterricht in verschiedenen Schulformen und Einrichtungen.

Äußere Differenzierung bedingt Trennung von Schülergruppen auf Zeit oder Dauer.

Beispiele hierfür sind die Schulformen (Haupt-, Ober-, Real-, Gesamtschule und Gymnasium) sowie einzelne Kurse und Lerngruppen innerhalb der einzelnen Schulen, z. B. Grund- und Leistungskurse, Fördergruppen und Begabtengruppen. In unserem stark gegliederten Schulsystem gibt es u. a. auch Schulen mit sportbezogenen Schwerpunkten. Deren Aufgabe ist es, besonders talentierte Schüler über das sonst mögliche Maß hinaus zu fördern. Dabei handelt es sich prinzipiell um eine Differenzierung nach Leistung. In diese Gruppe gehören Gymnasien, die sich auf besondere Sportarten spezialisiert haben und in aller Regel mit einem Internat gekoppelt sind. Eine andere Variante sind Schulen mit sportbetontem Zug, in dem die Anzahl der Sportstunden erhöht worden ist.[2]

Bei der äußeren Differenzierung wird der Unterricht unter Auflösung des Klassenverbandes in Kursen oder entsprechenden Gruppen erteilt. Die Einteilung erfolgt nach Leistung oder Interesse. Das Prinzip der **Differenzierung nach Leistung** findet sich z. B. in den Leistungskursen der gymnasialen Oberstufe. Die Leistungsdifferenzierung führt zur Bildung von **Niveaugruppen**, deren Anforderungen sich am Leistungsstand der Schüler orientieren. Dem Prinzip der **Differenzierung nach Interessen** kommt man in der Regel durch das Angebot von **Neigungsgruppen** für unterschiedliche Sportarten nach. Das Problem hierbei liegt darin, dass in der Schule nur eine begrenzte Auswahl möglich ist.

Bei der äußeren Differenzierung werden die Schüler in **vermeintlich homogene Gruppen eingeteilt, die über einen längeren Zeitraum bestehen bleiben**. Man muss wissen, dass es auch bei der äußeren Differenzierung keine homogenen Gruppen gibt, es wird lediglich das Leistungsgefälle verringert, gewisse Unterschiede bleiben aber auch hier bestehen und können evtl. durch unterschiedliche Lern- und Übungssituationen verringert werden, indem Übungen verändert oder unterschiedlich oft wiederholt werden.

Generell ist die äußere Differenzierung nur mit schulorganisatorischen Maßnahmen umzusetzen – liegt also nicht in der Hand des jeweiligen Sportlehrers.

Die äußere Differenzierung ist für den Sportunterricht in der Sekundarstufe in Teilbereichen geeignet (beachte: Sorgfalts- und Aufsichtspflicht!)

Die äußere Differenzierung nach Leistung oder nach Interessen/Neigungen innerhalb einer Doppelstunde oder mehrerer Sportstunden ist aber möglich, wenn …

- der Sportlehrer die Klasse kennt, d. h. schon längere Zeit unterrichtet hat;
- die Schüler das Lernen und Üben in Gruppen schon praktiziert haben;
- die Sorgfalts- und Aufsichtspflicht trotz des Übens in Gruppen an verschiedenen Orten in der Sporthalle oder auf dem Sportplatz ohne Probleme gewährleistet ist.

[2] Heymen, N./ Leue, W.: Planung von Sportunterricht, S. 111

5 Grundformen der Differenzierung

<u>Beispiel</u>: Differenzierung nach Neigungsgruppen: Fitness und Spiel
Äußere Differenzierung

„Gruppe Fitness“ – Kräftigen der Hauptmuskelgruppen
Differenzierung nach Interesse/Neigung – äußere Differenzierung

Für diese Gruppe steht die eine Hälfte der Sporthalle zur Verfügung. Die Schüler bekommen Karten mit den Aufgaben und Abbildungen, die sie über den Bewegungsablauf informieren. Sie üben mit Partnern, die sie sich selbst suchen. Sie wählen auch selbst die Reihenfolge der Übungen. Der Lehrer beobachtet das Üben und hilft bei Problemen.

Bauchmuskulatur:
Zu zweit im Sitz gegenüber, die Hände stützen jeweils seitlich ab. Jeder Schüler hält einen Medizinball zwischen den Füßen. Den eigenen Medizinball um den Ball des Partners kreisen lassen.
<u>Differenzierung</u>: Leistungsschwächere kreisen 5-7mal – evtl. auch mit einem leichteren Ball. Leistungsstärkere kreisen 10-12mal. Sie stützen sich mit den Händen nicht mehr seitlich ab.

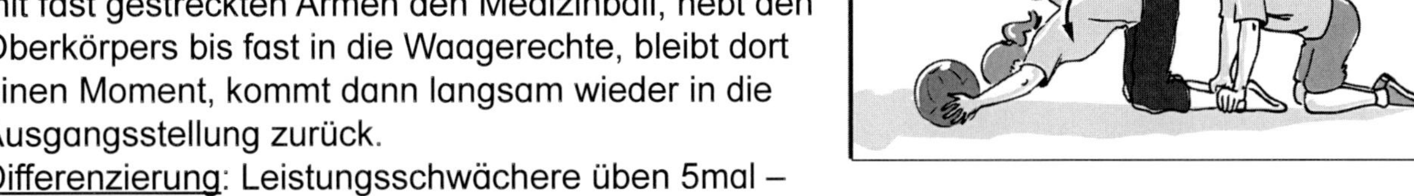

Rückenmuskulatur/Körperspannung:
Schüler A geht in den Kniestand, Schüler B ist dahinter und hält die Unterschenkel fest. Schüler A nimmt mit fast gestreckten Armen den Medizinball, hebt den Oberkörpers bis fast in die Waagerechte, bleibt dort einen Moment, kommt dann langsam wieder in die Ausgangsstellung zurück.
<u>Differenzierung</u>: Leistungsschwächere üben 5mal – evtl. auch mit einem leichteren Ball (Basket-, Fuß- oder Gymnastikball). Leistungsstärkere üben 7-10mal. Sie bleiben etwas länger in der Phase des angehobenen Oberkörpers.

Arm- und Schultermuskulatur:
Beide Partner sind im Liegestütz vorlings gegenüber: Zunächst die rechten Unterarme in Kopfhöhe zusammenführen, dann wieder in den Liegestütz vorlings zurückkommen. Danach die Übung mit den linken Unterarmen ausführen.
<u>Differenzierung</u>: Leistungsschwächere üben 2-3mal. Leistungsstärkere üben 3-5mal mit überkreuzten Füßen oder legen die Handflächen mit angewinkeltem Handgelenk aneinander.

Beinmuskulatur:
Die Turnbank wird ca. schulterhoch an der Sprossenwand eingehängt, der Partner sitzt etwa im ersten Drittel und hält sich an den Kanten der Bank fest. Der Übende steht mit leicht gegrätschten Beinen, dabei sind die Füße ganzflächig aufgesetzt. Nun geht er in die leichte Kniebeuge (Fußstellung beibehalten), anschließend wieder zurück zum Stand.
<u>Hinweis</u>: Der Griff und das Halten der Turnbank vor der Brust bleiben dabei unverändert.
<u>Differenzierung</u>: Leistungsschwächere: Der Partner auf der Bank rutscht weiter nach oben und sitzt nun mit dem Rücken an der Sprossenwand, 5-7mal üben. Leistungsstärkere: Der Partner rutscht mehr zur Mitte der Turnbank und hält sich an der Bank fest, 10-15mal.

5 Grundformen der Differenzierung

„Gruppe Spiel“ – Volleyball – „Baggern“
Differenzierung nach Interesse/Neigung – äußere Differenzierung

Für diese Gruppe steht auch eine Hälfte der Sporthalle zur Verfügung. Den Schülern werden Karten mit den Aufgaben und Abbildungen ausgehändigt. Die Schüler lesen sich die Aufgaben durch und sehen sich dazu ergänzend den Bewegungsablauf an.

Es wird in Einzel- und Partnerform geübt. Die Schüler suchen sich selbst ihren Partner und wählen auch selbst die Übungen aus. Der Sportlehrer beobachtet das Üben und hilft bei eventuellen Problemen.

Im Sitz – Baggern und dabei Aufstehen:
Zu zweit gegenüber: Partner A setzt sich auf den kleinen Kasten und nimmt einen Fuß zurück (Schrittstellung). Partner B wirft den Ball beidhändig von unten zu Partner A. Dieser baggert den Ball zum Partner zurück, während er dabei aufsteht.
Rollentausch vornehmen – 5mal baggern, dann Wechsel.

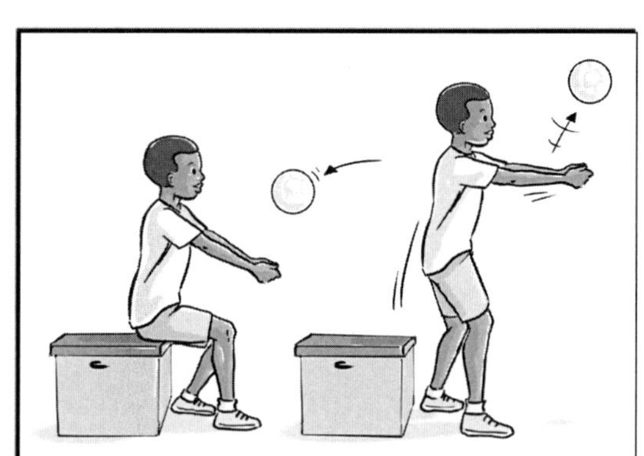

Hinweis: Den Ball möglichst genau zum Partner baggern, sodass dieser ihn fangen und sofort wieder zuwerfen kann.

Differenzierung: Variiert den Abstand zwischen euch, mal etwas näher beieinander, mal etwas weiter weg.

Prellwurf und Baggern:
Zu zweit gegenüber: Partner A wirft den Ball mit einem Aufpreller zu Partner B. B geht rechtzeitig in die richtige Position und baggert den Ball zu Partner A möglichst gezielt so zurück, dass dieser den Ball fangen kann.
Rollentausch vornehmen – 5mal baggern, dann Wechsel.

Hinweis: Nimm rechtzeitig die richtige Position ein.

Differenzierung: Den Abstand zwischen den Partnern deutlich erweitern.

Zuwurf und Baggern:
Zu zweit gegenüber: Partner A wirft den Ball beidhändig von unten zu Partner B. Der Partner B nimmt rechtzeitig die richtige Position ein und baggert den Ball gezielt und hoch genug zu Partner A zurück, so dass dieser den Ball möglichst zuerst hochpritschen und anschließend selbst fangen kann.
Rollentausch vornehmen – 5mal baggern, dann Wechsel.

Differenzierung: Variiert den Abstand zwischen euch, mal etwas geringer, mal etwas größer.

5 Grundformen der Differenzierung

<u>Beispiel</u>: Konditions- und Koordinationsschulung an Gerätebahnen
Differenzierung nach der Leistungsfähigkeit – äußere Differenzierung

Es werden zwei Gerätebahnen für unterschiedliche Bewegungsfertigkeiten aufgebaut. Der Sportlehrer informiert die Schüler über die Übungen und Anforderungen an den beiden Gerätebahnen. Es werden Arbeitskarten mit den Übungen und Abbildungen an die Schüler ausgegeben. Danach entscheiden die Schüler aufgrund ihrer Leistungsfähigkeit, an welcher Gerätebahn sie üben – es entstehen zwei Gruppen. Die Abstände zwischen den Turnbänken und dem Stützbarren bzw. T-Bock sollten anfangs ca. 7-10 m betragen, später nur noch ca. 5 m.

Gerätebahn A – Turnbank, Sprungbrett und Stützbarren:

1. Beliebiges Überlaufen der Turnbank, kurzer Anlauf, Absprung vom Sprungbrett in den Stütz am Barren, Vorschwung und Rückschwung mit anschließender Hockwende in den Stand.
2. Hockwenden an der Turnbank in der Fortbewegung, Anlauf, Absprung vom Sprungbrett in den Stütz am Barren, Vorschwung und Rückschwung mit anschließender Hockwende in den Stand.
3. Hockstütz auf der Bank, Vorgreifen (Vorrutschen) der Hände mit anschließendem Nachhocken der Beine, Aufrichten am Ende der Turnbank, kurzer Anlauf, Absprung vom Sprungbrett in den Stütz am Barren, Vorschwung, Rückschwung, Vorschwung und Kehre über den rechten Holm in den Stand.

<u>Hinweis</u>: Immer zunächst die erste Übungsfolge mehrmals ausführen, erst später sich dann an der zweiten Übungsfolge versuchen usw.

Gerätebahn B – Turnbank, Sprungbrett und T-Bock:

1. Beliebiges Überlaufen der Turnbank, kurzer Anlauf, Absprung vom Sprungbrett und Grätsche über den T-Bock. Hier gibt der Sportlehrer anfangs selbst Hilfeleistung oder Sicherheitsstellung. Später übernimmt ein Schüler abwechselnd diese Aufgabe.
2. Hockstütz auf der Bank, Vorgreifen (Vorrutschen) der Hände mit anschließendem Nachhocken der Beine, Aufrichten am Ende der Turnbank, kurzer Anlauf, Absprung vom Sprungbrett und Grätsche über den T-Bock.
3. Stand mit geschlossenen Beinen auf der Bank, Niedersprung in den Grätschstand und sofort danach mit Armeinsatz wieder Sprung in den Stand auf der Bank, normaler Niedersprung am Ende der Bank, kurzer Anlauf, Absprung und Hocke über den T-Bock.

<u>Hinweis</u>: Am T-Bock immer für eine Hilfeleistung bzw. Sicherheitsstellung sorgen!

5 Grundformen der Differenzierung

5.2 Innere Differenzierung (Binnendifferenzierung)

Unter dem Begriff der inneren Differenzierung (Binnendifferenzierung) werden vielfältige Lernarrangements und Methoden dargestellt, um in einer heterogenen Lerngruppe (Jahrgangsklasse) differenzierte Lernwege anzubieten, die auf die eine oder andere Weise jedem Schüler helfen, den für sich optimalen Lernerfolg zu erreichen (vgl. auch Bönsch 2014).

Bei der inneren Differenzierung wird die heterogene Lerngruppe – die Jahrgangsklasse – sehr wohl beibehalten, es finden eher kurzzeitig entsprechende Angebote und Gruppierungen statt, die im Verantwortungsbereich des Sportlehrers liegen. Auf eine räumliche Trennung der Schüler einer Klasse wird verzichtet.

- Ein binnendifferenzierter Sportunterricht versucht den Lernbedürfnissen und -fähigkeiten der Schüler gerecht zu werden.
- Ein binnendifferenzierter Sportunterricht lenkt den Blick von der Vergleichbarkeit der Leistungen mehr und stärker auf die individuelle Lernentwicklung des jeweiligen Schülers hin.
- Die größte Herausforderung für einen binnendifferenzierten Unterricht besteht darin, als Sportlehrer allen Schülern – manchmal sind es „nur“ 16-18 Jugendliche, manchmal aber auch 24-26 Schüler – gerecht zu werden.

Die **innere** Differenzierung ist mit unterrichtsorganisatorischen und organisationsmethodischen Mitteln zu verwirklichen.
Sie liegt also in der Hand des jeweiligen Sportlehrers.

Die **innere** Differenzierung ist für den Einsatz in der Sekundarstufe gut geeignet, wobei es immer auch auf das jeweilige Thema und insbesondere auf die Fachkompetenz des Sportlehrers ankommt, der den Lern- und Übungsprozess aufgrund seiner Kenntnisse und Erfahrungen gestaltet und organisiert.

Auf den nachfolgenden Seiten folgen Beispiele zur schnellen Umsetzung der inneren Differenzierung.

5 Grundformen der Differenzierung

Beispiel: Kräftigen der Arm- und Schultermuskulatur – Ganzkörperübungen
Differenzierung innerhalb einer Aufgabe und durch Anzahl der Wiederholungen – innere Differenzierung

Klimmzug im Liegehang:
Der Schüler steht mit gebeugten Armen an einer Seite des Barrens und fasst mit beiden Händen schulterbreit einen Holm, die Füße werden am Grundrahmen des Barrens fixiert. Nun vorsichtiges Strecken der Arme, sodass der Körper in eine Schräglage kommt. Danach Anziehen der Arme, sodass man über den Holm schauen kann.
Differenzierung: Den Holm höher bzw. tiefer einstellen. Manche Schüler üben 3-5mal, andere üben 5-10mal.

Sprung in den Hang:
Vom kleinen Kasten in den Hang springen und sofort einen Klimmzug ausführen, bis das Kinn sich über der Reckstange befindet. Anschließend die Arme strecken und wieder auf den kleinen Kasten springen.
Differenzierung: Manche Schüler üben 5-7mal,
andere üben 10-15mal.

Klimmzug:
Aus dem Stand unter dem sprunghohen Reck in den Beugehang springen, anschließend die Arme beugen und versuchen, über die Reckstange zu schauen. Anschließend wieder die Arme bis in die Ausgangsposition strecken.
Differenzierung: Sollte jemand den Klimmzug nicht allein schaffen, unterstützt der Partner etwas durch Nachschieben an den Füßen/Beinen. Manche Schüler üben 3-5mal, andere üben 5-10mal.

Klimmzug mit zusätzlichen Gewichten:
Der Schüler springt vom kleinen Kasten in den Hang (kleinen Kasten anschließend wegziehen). Nun den ersten Klimmzug ausführen, bis das Kinn sich über der Reckstange befindet. Anschließend wieder die Arme bis in die Ausgangsposition strecken, anschließend erneuter Klimmzug.
Der Klimmzug kann durch das Anhängen von Schleuderbällen über der Schulter (rechts und links) erschwert werden.
Differenzierung: Manche Schüler üben 3-5 mal, andere üben 5-10mal.

5 Grundformen der Differenzierung

Beispiel: Kräftigen der Sprung- und Beinmuskulatur
Differenzierung innerhalb einer Aufgabe und durch Veränderung der Geräte – innere Differenzierung

Schlusssprünge seitwärts über die Bank

1a

Aus dem Grätschstand über der Bank Schlusssprung auf die Sitzfläche der Bank. Danach wieder in den Grätschstand springen.

1b

Schlusssprünge auf den kleinen Kasten

2a

Schlusssprung in den offenen Kasten und danach wieder heraus

2b

Schlusssprung auf den drei- oder vierteiligen großen Kasten

3a

Schlusssprünge über die Kastentreppe – umdrehen und wieder zurück.

3b

Differenzierung im Sportunterricht / SEK
KOHL VERLAG

5 Grundformen der Differenzierung

Beispiel: Partnerübungen zum Verbessern der Fitness
Differenzierung durch die Anzahl der Wiederholungen und Veränderung der Übung

Bei den Partnerübungen sollten sich zwei leistungsmäßig gleichstarke Schüler zusammenfinden. Bei manchen Übungen **erfolgt ein Rollentausch**.

Unterarme aneinander:

Beide Partner sind im Liegestütz vorlings gegenüber: Zunächst die rechten Unterarme in Kopfhöhe zusammenführen, dann wieder in den Liegestütz vorlings zurückkommen. Danach die Übung mit den linken Unterarmen ausführen.
Differenzierung: 5mal – 10mal – 15mal. Hebt dabei ein Bein leicht vom Boden ab.

Beine strecken:

Führe deine Beine im Strecksitz über das Kastenteil und nehme dort den angereichten Gymnastikball mit beiden Füßen an. Hocke danach deine Beine an und führe sie mit anschließendem Strecken in die Kastenteilöffnung, um dort den Ball dem Partner zu übergeben. Führe deine Beine danach wieder über das Kastenteil usw. Rollentausch vornehmen.
Differenzierung: 5mal – 10mal – 15mal. Nimm einen etwas schwereren Ball.

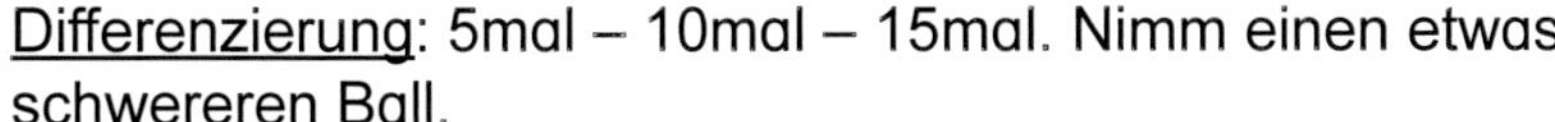

Ballübergabe:

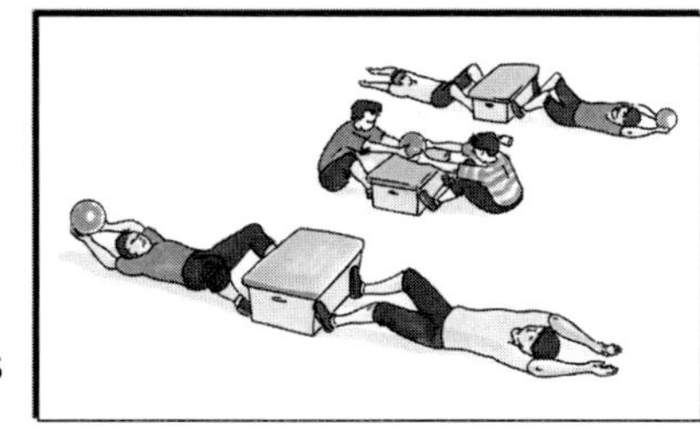

Setzt euch im leicht angedeuteten Grätschsitz mit den Füßen zueinander zum kleinen Kasten, die Füße berühren dabei den Kasten. Schüler A hat einen Medizinball in den Händen und geht damit zunächst in die Rückenlage. Er übergibt den Ball anschließend beim Vorbeugen auf der Oberfläche des Kastens an seinen Partner. Dieser geht nun in die Rückenlage usw.
Differenzierung: 5mal – 10mal – 15mal. Grätschsitz mit fast gestreckten Beinen.

Werfen und Stoßen:

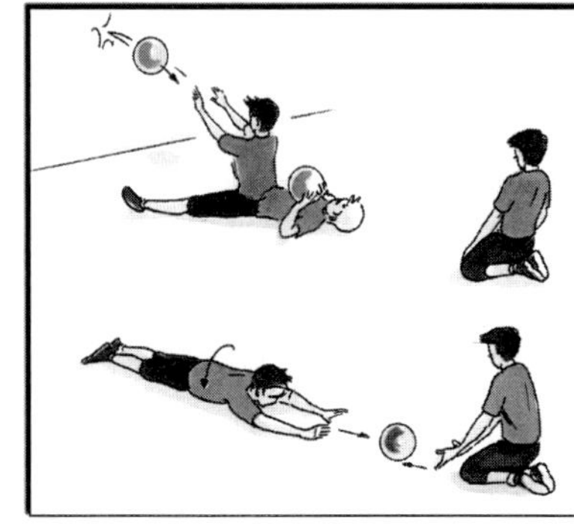

A sitzt im Grätschsitz zur Wand (Abstand ca. 2-3 m). A wirft den Basketball mit Druckwurf gegen die Wand und fängt den zurückspringenden Ball wieder auf. Den Oberkörper in die Rückenlage absenken und in die Bauchlage drehen, den Ball dabei in den Händen halten. Danach den Ball zum Partner B rollen. B nimmt den Ball an und rollt ihn zurück. A dreht sich wieder in die Rückenlage und richtet sich in den Grätschstand auf usw. Rollentausch vornehmen.
Differenzierung: 5mal – 10mal – 15mal. Abstand zur Wand vergrößern oder schwereren Ball nehmen.

Oberkörper anheben:

Schüler A geht in den Kniestand, Schüler B ist dahinter und hält die Unterschenkel fest. Schüler A nimmt mit fast gestreckten Armen den Medizinball, hebt den Oberkörper bis fast in die Waagerechte, bleibt dort einen Moment, kommt dann langsam wieder in die Ausgangsstellung zurück.
Differenzierung: 5mal – 10mal – 15mal. Leistungsstärkere bleiben länger in der oberen Position oder nehmen einen schwereren Ball.

5 Grundformen der Differenzierung

Beispiel: Kräftigen Arm-/Schultermuskulatur – Schulen koordinativer Fähigkeiten
Differenzierung durch unterschiedliche Aufgaben und Veränderung des Gerätes

Auf allen Vieren vorwärts klein-schrittig über den Barren stützeln.

1a

Auf allen Vieren langsam aufwärts stützeln.

1b

Seitwärts kleinschrittig über den Barren stützeln, dabei sind beide Hände auf einer Seite und beide Füße auf der anderen Seite.

2

Auf allen Vieren auf einem Holm vorwärts stützelnd und kleinschrittig balancieren.

3

Vom kleinen Kasten in den Stütz springen und kleinschrittig durch die Holmgasse stützeln – von Kasten zu Kasten.

4

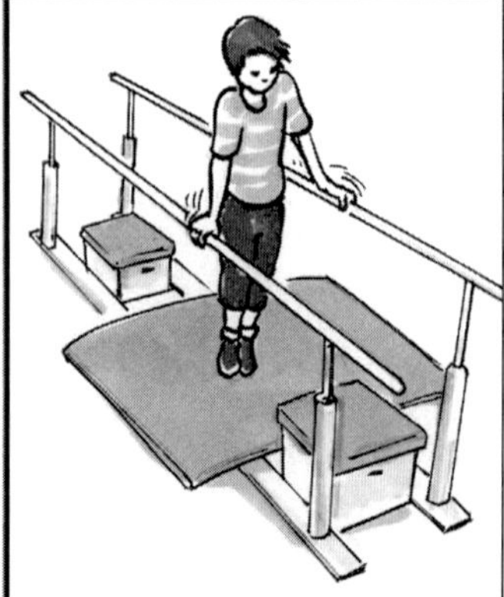

Sich langsam stützelnd an den diagonal verlaufenden Holmen vorwärts bewegen.

5

Von der Kastentreppe mit einer Hand den unteren Holm und mit der anderen Hand den oberen Holm fassen. Langsam durch die Holmgasse zur anderen Seite stützeln.

6

Beispiel: Schulen/Verbessern koordinativer Fähigkeiten – Übungen zu dritt mit Kastenteilen
Differenzierung durch durch unterschiedliche Aufgaben

Bei den Übungen muss immer ein **Rollentausch** vorgenommen werden, so dass jeder Schüler die jeweilige Aufgabe ausführen kann.

Zwei Schüler versuchen, einen Medizinball auf ihrem Kastenteil im Gleichgewicht zu halten und dabei auch langsam vorwärts zu gehen. Der dritte Schüler legt den Ball immer wieder auf.

Differenzierung:
- Wie vorher, sie folgen den Markierungen in der Sporthalle.
- Wie vorher, aber langsam vor-, seit- und rückwärts gehen.

Zwei Schüler halten ein Kastenteil etwa hüfthoch. Der dritte Schüler legt einen Soft- oder Gymnastikballball darauf. Durch gemeinsames schwunghaftes Anheben des Kastenteils wird der Ball hochgeworfen, anschließend aufgefangen und so zum Prellen gebracht.

Differenzierung:
- Wie zuvor, aber den Ball 2-3mal prellen, ihn dann auf den Boden springen lassen, mit dem Kastenteil "drunter" gehen und ihn wieder zum Prellen bringen.
- Ablauf wie zuvor, aber sich während des Prellens immer langsam im Uhrzeigersinn im Kreis drehen, ohne dass der Ball auf den Boden fällt.

Schüler A und B sind außerhalb und halten das Kastenteil etwa hüfthoch und gehen damit langsam vorwärts.
Schüler C befindet sich im Kastenteil und prellt den Ball außerhalb des Kastenteils auf den Boden.

Differenzierung:
- Schüler A und B sind außerhalb und halten das Kastenteil etwa kniehoch und gehen zunächst vorwärts, später auch seit- und rückwärts. Schüler C befindet sich im Kastenteil und prellt den Ball außerhalb des Kastenteils auf den Boden.
- Schüler A und B sind außerhalb und halten das Kastenteil etwa kniehoch und gehen zunächst vorwärts, später auch seit- und rückwärts. Schüler C befindet sich im Kastenteil und prellt den Ball außerhalb des Kastenteils auf den Boden, zunächst mit der rechten Hand und danach auch mit der linken Hand.

Zwei Schüler gehen in die leichte Kniebeuge und halten das Kastenteil etwa kniehoch. Der Übende befindet sich im Kastenteil und prellt den Ball im Kastenteil. Er versucht nun hinaus- und wieder hineinzusteigen – der Ball wird dabei immer weiter **im** Kastenteil geprellt.

Differenzierung:
- Zur rechten und linken Seite im Wechsel ausführen.
- Mit der „schwächeren" Hand prellen.

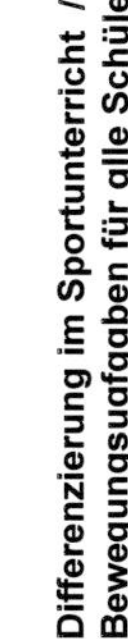

5 Grundformen der Differenzierung

Beispiel: Kräftigen der Hauptmuskelgruppen
Differenzierung durch Erhöhen bzw. Verringern der Belastungszeit und Veränderung der Übung innerhalb der Aufgabe

Manche Schüler über jeweils 10-15 sec., manche 20-30 sec., manche 45 sec.

Arme und Schultern:
Stand auf dem kleinen Kasten. Etwas vorgreifen und Sprung in den Stütz mit sofortigem Vorschwung und Kehre über den Holm.
Differenzierung:
– Kehre über den Holm ohne kleinen Kasten

Rücken:
Bauchlage auf einer Matte, die Schultern schließen mit der Mattenkante ab. Den Oberkörper leicht anheben und den Medizinball (Basketball) mit beiden Händen kräftig gegen die Bank stoßen, sodass er zu den Händen zurückkommt.
Differenzierung:
– Den Abstand zur Bank vergrößern.

Beine:
Aus dem Stand neben der Turnbank Schlusssprünge über die Bank auf die andere Seite. Kurzes Zwischenfedern und erneuter Schlusssprung über die Bank.
Differenzierung:
– Aus dem Grätschstand über der Bank Schlusssprung auf die Turnbank. Danach wieder in den Grätschstand herunterspringen.

Bauch:
Großer Kasten (vierteilig) mit eingehängter Turnbank, Rückenlage auf der Turnbank, die Hände an die Ohren legen, der Partner hält die Füße fest. Aufrichten, bis der Oberkörper ca. 45 Grad erreicht hat, einen Moment halten, dann langsam wieder absenken.
Differenzierung:
– Übung wie vorher, einen Medizinball (1-1,5 kg) mit den Händen im Nacken halten. Aufrichten, bis der Oberkörper ca. 45 Grad erreicht hat, einen Moment halten, dann langsam wieder absenken.

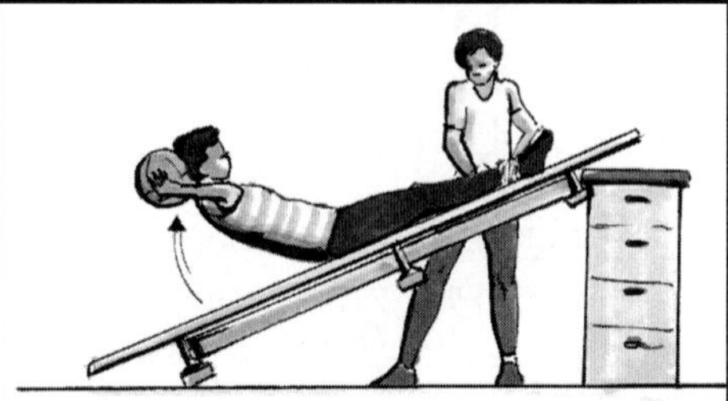

5 Grundformen der Differenzierung

Beispiel: Pendelstaffel
Differenzierung durch Regeländerungen

Die Klasse wird je nach Gesamtanzahl in drei oder vier gleichstarke Mannschaften aufgeteilt (6-10 Läufer je Gruppe). Die Übenden nehmen die vorgesehene Aufstellung ein, wobei sich die beiden Hälften jeder Gruppe gegenüberstehen. Auf ein Zeichen der Lehrkraft läuft der Schüler Nr. 1 los und übergibt den Staffelstab von vorn an den wartenden Läufer Nr. 2 auf der gegenüberliegenden Seite. Wer gelaufen ist, reiht sich hinten an. So pendelt der Stab zwischen den beiden Hälften der Mannschaft hin und her, bis jeder einmal gelaufen ist. Es gewinnt die Mannschaft, die mit ihrem letzten Läufer zuerst die Start-/Ziellinie überläuft.
Hinweis: Der Lehrer beachtet, dass laufstarke und laufschwache Schüler gleichmäßig auf die Gruppen verteilt werden.

Differenzierungen:
- **Mannschaft umlaufen**: Leistungsstarke Läufer müssen vor der Stabübergabe die eigene Mannschaft umlaufen und dürfen erst danach den Stab von hinten übergeben.
- **Kasten überlaufen**: Leistungsstarke Läufer müssen einen in der Mitte der Laufstrecke stehenden kleinen Kasten einmal umlaufen und dürfen erst danach weiter zum gegenüber stehenden Schüler laufen und den Stab übergeben.
- **Längere Laufstrecke**: Für die Schüler besonders laufstarker Gruppen wird die Laufstecke um einige Meter verlängert.
- **Pylone umlaufen**: Schüler besonders laufstarker Gruppen müssen in der Mitte der Laufstrecke drei Pylone im Slalom umlaufen.

Beispiel: Fünfbeinlauf
Differenzierung durch Regeländerungen

Es werden zwei Mannschaften gebildet, die sich je zur Hälfte im Abstand von ca. 10-15 m gegenüber aufstellen. Innerhalb der Mannschaftshälften werden Dreiergruppen gebildet. Die beiden äußeren Schüler A und B halten einen Stab zwischen sich. Schüler C hängt ein Bein ein, legt die Hände auf die Schultern von A und B. So laufen sie zur anderen Seite und übergeben dort den Stab an die nächste Dreiergruppe.

Differenzierungen:
- **Beinwechsel**: Bei leistungsstarken Dreiergruppen muss in der Mitte der Laufstrecke der mittlere Schüler das andere Bein einhängen.
- **Positionswechsel**: Leistungsstarke Dreiergruppen müssen ca. in der Mitte der Laufstrecke einen Positionswechsel vornehmen, d. h. den Stab ablegen, der rechte Läufer geht nach links und der linke Läufer geht nach rechts, Stab aufnehmen, Bein einhängen und weiterlaufen.
- **Gruppe umlaufen**: Besonders leistungsstarke Gruppen müssen erst die eigene Gruppe umlaufen und übergeben den Stab von hinten an die nächste Dreigruppe.

6 Die Ebenen der inneren Differenzierung

Didaktische und methodische Differenzierung

Die innere Differenzierung kann sich auf zwei Ebenen vollziehen (nach Söll):

Innere Differenzierung

Didaktische Differenzierung

Unter didaktischer Differenzierung sind somit alle Formen und Methoden der Differenzierung zu verstehen, die bestimmend und zum Teil verändernd in die inhaltliche und organisatorische Gestaltung des Klassenunterrichts eingreifen.

Auf dieser Ebene wird der Klassenverband zwar beibehalten, der eigentliche Lern- und Unterrichtsprozess wird aber verlagert auf …

- den einzelnen Schüler, z. B. in Form von freien Lerngelegenheiten (Bewegungsaufgaben und Bewegungslandschaften) oder
- Gruppierungen in Form von Riegen- und Gruppenunterricht.

Diese Verlagerung kann auf Zeit oder Dauer, ganz oder teilweise erfolgen.

(Bei der didaktischen Differenzierung wird die „äußere Differenzierung" auf den Sportunterricht im Klassenverband übertragen.)

Diese Ebene wird als didaktische Differenzierung bezeichnet.

Darstellung am Beispiel:
Üben der Laufkippe
(ab nächster Seite)

Methodische Differenzierung

Methodische Differenzierung bezeichnet die differenzierenden Maßnahmen, die bei prinzipieller Wahrung der Einheitlichkeit des Klassenunterrichts anwendbar sind.

Auf dieser Ebene bleibt der Klassenverband (die Jahrgangsklasse) so lange wie möglich erhalten. Von der gemeinsamen Zielsetzung wird nur in zwingenden Fällen und möglichst kurzfristig abgegangen.

Die Differenzierung erfolgt vorwiegend mit methodischen und organisatorischen Mitteln.

Die methodische Differenzierung erfolgt auf einer konvergenten und einer divergenten Ebene.

Diese Ebene wird als methodische Differenzierung bezeichnet.

Darstellung am Beispiel:
Übungen an Turnbänken
(im Anschluss an Bsp. „Laufkippe")

6 Die Ebenen der inneren Differenzierung

Im Sportunterricht der Sekundarstufe gibt es je nach Thema immer wieder Situationen, in denen **nicht alle** Schüler alles lernen können oder müssen.

Es müssen für die Gruppen der besonders leistungsstarken und der besonders leistungsschwachen Kinder Differenzierungsmaßnahmen zur Verfügung stehen, um dem Anspruch der individuellen Förderung gerecht zu werden.

Beispiel: Lernen und Üben der Laufkippe
Didaktische Differenzierung

Die folgende Einteilung in Gruppen gilt nur für das Lernen und Üben der Laufkippe in dieser Stunde und evtl. für die folgende Unterrichtsstunde. Der Übergang zwischen den Gruppen ist „fließend" und wird vom Sportlehrer aufgrund von Beobachtungen berücksichtigt.

Gruppe A – Leistungsschwächere Schüler turnen die Übungen a-c in der hier genannten Reihenfolge
Die Schüler dieser Gruppe erarbeiten mit den Übungen a → b → c die Voraussetzungen für die Laufkippe – die Endphase und den Kippschub. Auch innerhalb dieser drei Übungen a-c muss häufig differenziert werden.

a) Der Bewegungsablauf der Laufkippe in der Grobform – evtl. mit Unterstützung durch den Sportlehrer

Aufstemmen und Hände umsetzen:
Streckhang am oberen Holm und die Fußballen auf den unteren Holm aufsetzen. Mit den Hüften vor und zurück pendeln. Beim Zurückpendeln sich mit fast gestreckten Armen aufstemmen. Die Füße drücken sich dabei kräftig vom unteren Holm ab.

Hinweise: Beim Aufstemmen ist das Umsetzen (Mitdrehen) der Hände wichtig. Mit dieser Übung wird die Endphase der Laufkippe geübt – in den Stütz zu kommen.

Differenzierung: Nur die Jungen und Mädchen, die das Aufstemmen ohne fremde Hilfe schaffen, sollten die nächste Übung versuchen.

b) Einbeiniger Kippschub:
Einbeiniger Hangstand am Stufenbarren, einen Fuß auf den unteren Holm setzen, das andere Bein bleibt gestreckt, der Fußrist berührt den oberen Holm. Sich nach mehrmaligem Pendeln in den Stütz aufstemmen und dabei das gestreckte Bein zügig am oberen Holm entlang vorhoch schieben (in Kontakt mit dem Holm bleiben).

Hinweise: Dieser Bewegungsablauf entspricht schon der eigentlichen Kippbewegung. Der Sportlehrer kann diesen Kippschub am Oberschenkel und Rücken unterstützen. Diese Übung mehrmals ausführen, bis es ohne fremde Hilfe klappt.

KOHL VERLAG Differenzierung im Sportunterricht / SEK Bewegungsaufgaben für alle Schüler – Bestell-Nr. 13 020

c) Kippschub:

Hangsitz auf dem Kasten, von unten aus dem Spannhang Schwung zum Kippschub holen. Die Beine an der Stange vorhoch entlang schieben, sobald der Fußrist die Stange berührt, beginnt der Kippschub. Beim Kippschub die Hände umsetzen, damit der Übende in den Stütz gelangt.

Hinweise: Der Sportlehrer unterstützt die Bewegung am Oberschenkel und Rücken (evtl. auch ein Helfer rechts und links). Unbedingt auf den richtigen Abstand zwischen Reck und großem Kasten achten, die Arme müssen schon im Sitz gestreckt sein, der Schwerpunkt muss sich eindeutig vor der Reckstange befinden. Diese Übung häufig wiederholen. Der Sportlehrer lässt den Bewegungsablauf von einem Schüler demonstrieren und weist dabei noch einmal auf die wesentlichen Punkte hin.

Diese Übung c gilt als „Übergang" in die leistungsstärkere Gruppe.

Gruppe B – Leistungsstärkere Schüler turnen die Übungen d und e.

Die Schüler dieser Gruppe beherrschen den Bewegungsablauf der Laufkippe in der Grobform – evtl. mit Unterstützung durch den Sportlehrer –, müssen aber noch gefestigt werden.

d) Laufkippe mit Geräthilfe:

In Schrittstellung mit Ristgriff am Reck (entsprechend hoch einstellen) auf dem kleinen Kasten. Mit langen Armen und tiefhängendem Gesäß mit zwei Schritten „links-rechts" bis in die Streckung auf das Sprungbrett laufen. Sich kräftig abstoßen, in die Kipplage schwingen und in den Stütz kippen.

Hinweise: kleiner Kasten, Matte, schräge Ebene (= Sprungbrett an Bank oder Kastendeckel) angelegt.
Der Sportlehrer unterstützt die Laufkippe mit Schubhilfe am Oberschenkel und Rücken.
Mit fortschreitendem Können die Hilfen immer mehr abbauen.

e) Laufkippe ohne Geräthilfe:

Evtl. unterstützt der Sportlehrer den Bewegungsablauf noch etwas mit Schubhilfe.

Hinweise: Wenn die Laufkippe gelungen ist – Niedersprung und sofort noch einmal den Bewegungsablauf ausführen. Dabei wird der gerade erlernte Ablauf sofort gefestigt und eingeprägt.

6 Die Ebenen der inneren Differenzierung

Beispiel: Fitnessübungen an Turnbänken
Methodische Differenzierung

Der Klassenverband bleibt bei allen Übungen bestehen – es wird im Strom an mehreren parallel stehenden Turnbänken geübt. Die einzelnen Übungen werden in der Fortbewegung an den Turnbänken ausgeführt. Einstiegsübung ist die Hockwende – es folgen weitere Übungen in der Vorwärtsbewegung an der Turnbank, die immer etwas anspruchsvoller werden. Sollten einige Schüler die nächstschwerere Übung nicht schaffen, führen sie weiter die letzte oder vorletzte Übung aus.
Es kann also sein, dass im Verlauf der Unterrichtsstunde an einer Turnbank unterschiedliche Übungen ausgeführt werden, z. B.:

- Schüler A → Übung 3) Schlusssprünge über die Turnbank in der Vorwärtsbewegung,
- Schüler B → Übung 5) mit den Händen nach vorn rutschen, mit den Füßen nachhocken,
- Schüler C → Übung 6) beim Gehen über die Bank einen Ball auf den Boden prellen.

Übung 1: Hockwenden in der Vorwärtsbewegung mit und ohne Zwischenhüpfer.

Übung 2: Stand seitlich zur Bank – Schlusshüpfer auf die Bank und sofortiger Niedersprung zur anderen Seite und erneut auf die Bank springen usw.
Hinweise: Damit auch eine Vorwärtsbewegung entsteht, müssen die Sprünge immer etwas nach vorn ausgeführt werden.

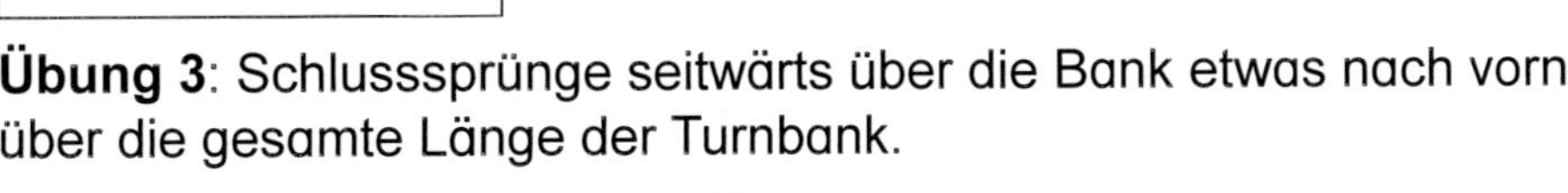

Übung 3: Schlusssprünge seitwärts über die Bank etwas nach vorn über die gesamte Länge der Turnbank.

Übung 4: Stand mit geschlossenen Beinen auf der Bank, Niedersprung in den Grätschstand und sofort danach mit Armeinsatz Sprung mit beiden Füßen auf die Bank usw. Beim Niedersprung immer etwas nach vorn abspringen, um eine Vorwärtsbewegung zu ermöglichen.

Übung 5: Hockstütz auf der Bank, mit den Händen leicht nach vorn rutschen und mit der den Füßen nachhocken, dabei bleiben die Knie ganz eng zusammen.

Übung 6: Vorwärts gehen über die Turnbank und dabei einen Ball mit der geübten Hand auf den Boden prellen.

Übung 7: Vorwärts gehen, aber jetzt prellt jede Hand einen Ball – rechts und links – auf den Boden. Wer schafft es bis zum Ende der Turnbank? Die Gymnastikbälle werden immer wieder in den bereitgestellten kleinen Kasten abgelegt.

Differenzierung im Sportunterricht / SEK – Bestell-Nr. 13 020
Bewegungsuafgaben für alle Schüler

7 Formen der didaktischen Differenzierung

Im Folgenden werden die Formen der didaktischen Differenzierung kurz erläutert und mit Beispielen veranschaulicht.

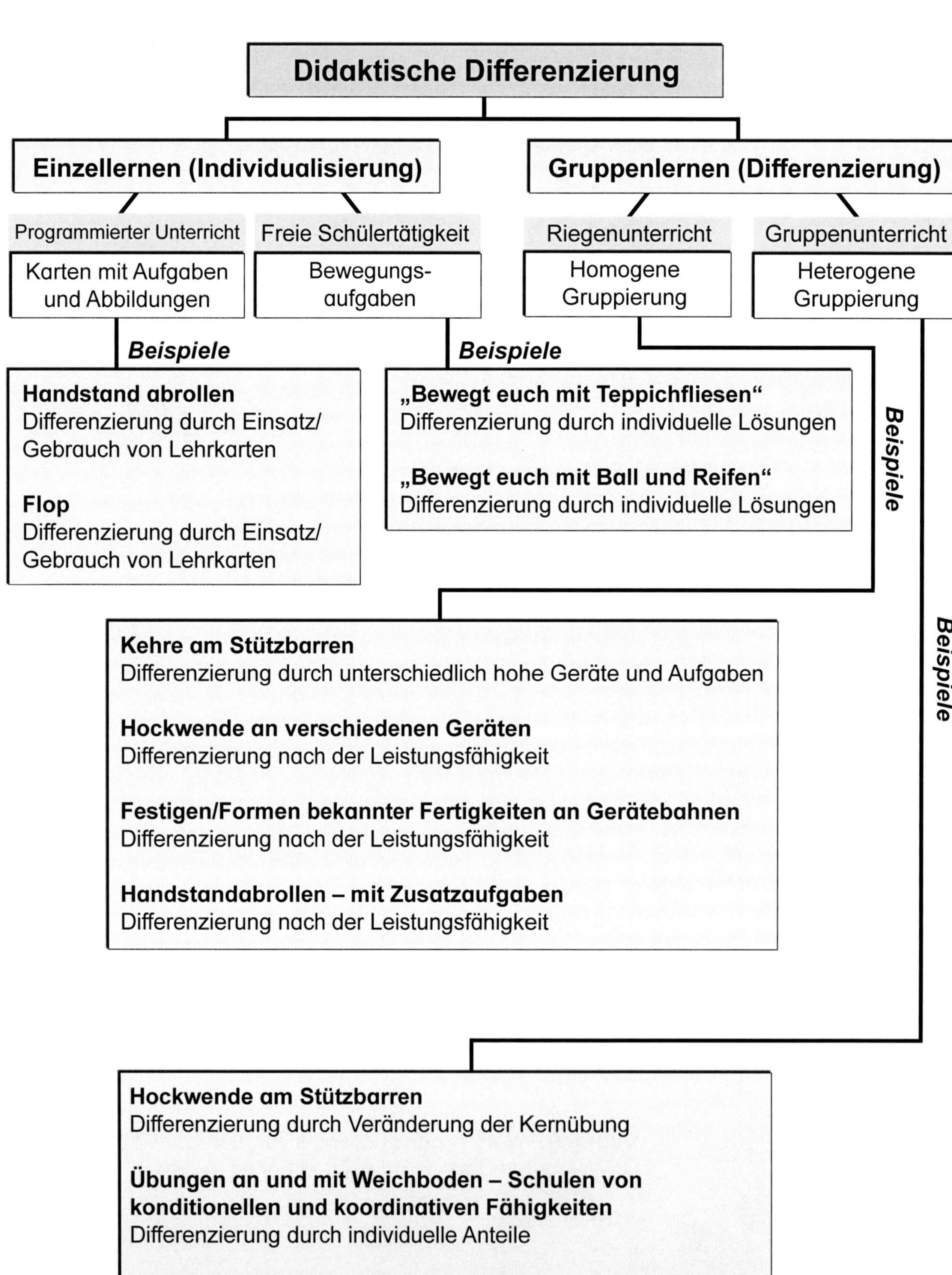

7 Formen der didaktischen Differenzierung

7.1 Programmierter Unterricht (Programmunterricht)

Lehrmethode – Karten mit Lehrtexten – Mischformen

Im Rahmen dieses Buches kann aus Platzgründen nur im begrenzten Umfang auf die Lehrmethode *Programmierter Unterricht* (PU) eingegangen werden. Es werden die wichtigsten Merkmale und Kennzeichen des PU angesprochen, ihre Umsetzung im Schulalltag geprüft und mit Beispielen praxisnah veranschaulicht.

Tipp: Hans-Jürgen Schaller (Hrsg.): Sport lernen mit Lehrprogrammen

Programmierter Unterricht ist eine Lehrmethode
Der in einzelne Bausteine zerlegte Unterrichtsstoff wird von den Schülern weitgehend selbstständig erarbeitet und der Lernerfolg weitgehend selbst kontrolliert. Erst nachdem ein Lernabschnitt erfolgreich bearbeitet wurde, wird der nächste Schritt begonnen. Im PU wird die Rolle des Lehrers weitgehend von Lehrprogrammen (z. B. Karten mit Lehrtexten) übernommen.

Nach herkömmlichem Verständnis gilt *Programmierter Unterricht* als ein Lehrverfahren, welches den Lernstoff nach didaktischen Gesichtspunkten in der Weise in kleine Abschnitte aufgliedert, dass er vom Schüler ohne Lehrperson durchlaufen werden kann. Die Informationsdarbietung, die daran anknüpfenden Aufgabenstellungen sowie die Bekanntgabe der richtigen Lösung übernimmt das Programm (Schramm 1963).

Beim programmierten Unterricht werden die Inhalte in sehr kleine Lerneinheiten aufgeteilt und sukzessiv bearbeitet.

Individualisierender Unterricht und Differenzierung
Ein individualisierender Unterricht ist nur durch den Einsatz von Lehrprogrammen zu verwirklichen. Bei Lehrprogrammen handelt es sich um vorgefertigten Unterricht. Die Programme enthalten die für die Schüler notwendigen Informationen, aufgeteilt in einzelne Lehr-/Lernschritte, mit Aufgabenstellung usw.[1]

Die **differenzierende Funktion** des *Programmierten Unterrichts* ist nur dann gewährleistet, wenn bei der Erstellung des jeweiligen Programms die unterschiedliche Leistungsfähigkeit der Schüler hinsichtlich des Lerntempos berücksichtigt und/oder der Einsatz mit Partner- und Geräthilfe kombiniert wird.

Große Unterschied zwischen Theorie und Praxis
Bei Durchsicht der Literatur ergibt sich ein großer Unterschied zwischen dem Bedürfnis sich mit *Programmiertem Unterricht* (PU) theoretisch auseinanderzusetzen und der Bereitschaft, PU praktisch anzuwenden.

„Es gibt wohl kaum ein Unterrichtsverfahren in der Leibeserziehung … , bei dem zwischen dem Umfang der sich darauf beziehenden Veröffentlichungen und der tatsächlichen Anwendung in der Unterrichtspraxis eine größere Diskrepanz besteht, als das programmierte Lernen.“[2]

[1] Heymen, N./Leue, W.: Planung von Sportunterricht, S. 111
[2] Schaller, H.J.: Programmiertes Lernen im Sport, S. 15

7 Formen der didaktischen Differenzierung

Mischformen – Programmierter Unterricht und herkömmlicher Unterricht

Die Brauchbarkeit und Einsetzbarkeit von Programmen werden nicht durch Hypothesen und theoretische Überlegungen gewährleistet, sondern durch die praktische Umsetzbarkeit im Sportunterricht, dabei kommt den sogenannten „Mischformen“ eine besondere Bedeutung zu.

Zu Mischformen mit herkömmlichem Unterricht kommt es im *Programmierten Unterricht* immer dann, wenn Lehrer oder Schüler mit Lehrerfunktionen in den Unterrichtsprozess unmittelbar einbezogen werden.

- *Programmierten Unterricht* mit Einbeziehung des Lehrers in den Unterrichtsprozess an einzelnen, besonders wichtigen Stellen nennt man teilprogrammierten Unterricht (TPU). Teilprogrammierter Unterricht ist, vor allem durch Lehrereinsätze zur Sicherung an besonders gefährlichen Stellen, durch Helfen bei schwierigen Bewegungsabläufen oder zur Beurteilung der Richtigkeit der Lernleistung der Schüler bestimmt.
- *Programmierten Unterricht*, bei dem Kleingruppen gemeinsam lernen und üben, nennt man auch programmiertes Gruppenlernen (PGL). Hier übernehmen die teilnehmenden Schüler gelegentlich Lehrerfunktionen.
- Die Partner- oder Gruppenform wird häufig wegen des Helfens und Sicherns oder wegen der sozialen Interaktion gewählt.

Auszug aus: Schaller, H.-J.: Sport lernen mit Lehrprogrammen – S. 31

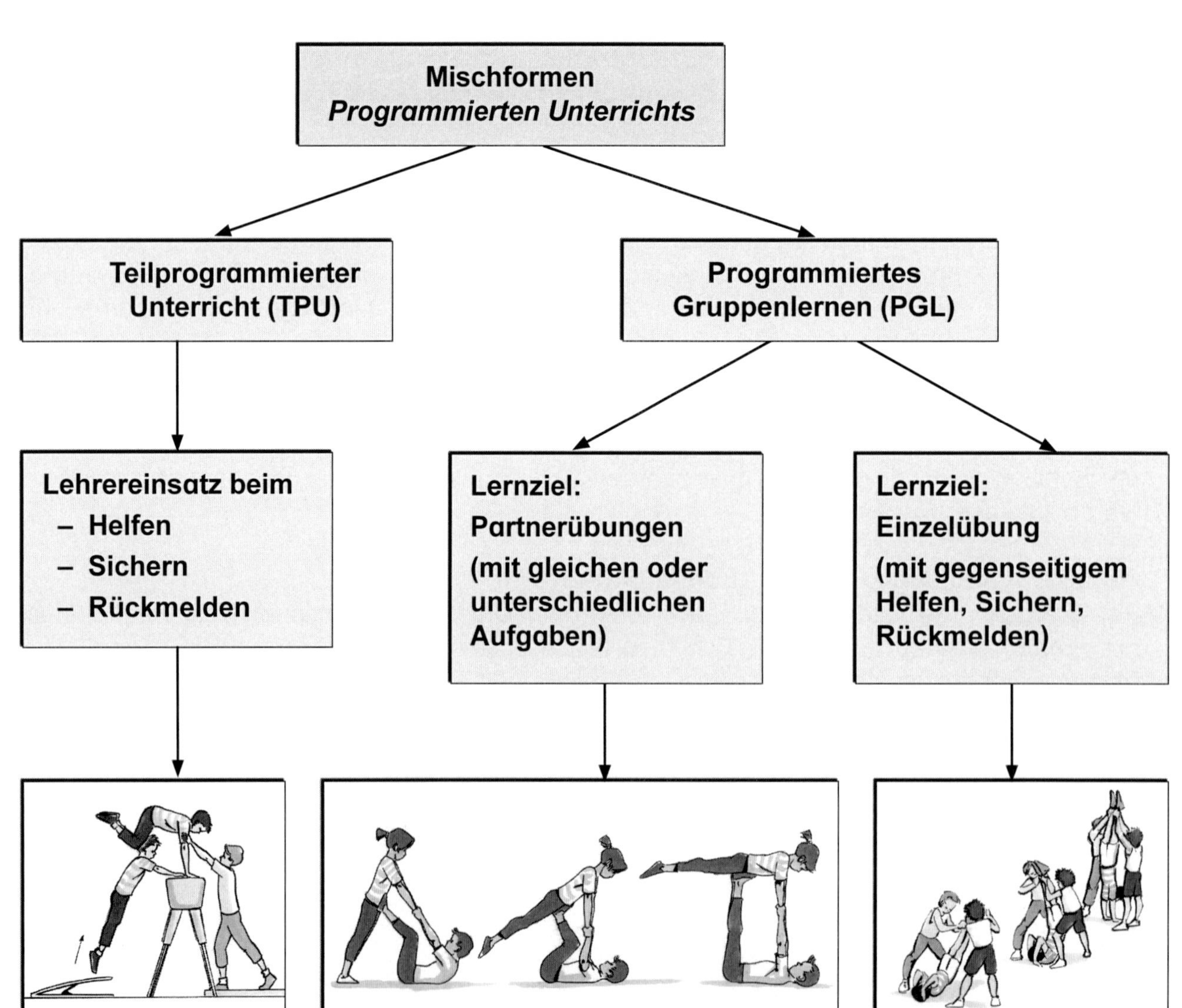

7 Formen der didaktischen Differenzierung

Programmierter Unterricht und „einfache Verhältnisse“

Wer die Vorteile des *Programmierten Unterrichts* im Sportunterricht der Sekundarstufe nutzen möchte, muss sich auf „einfache Verhältnisse“ beschränken, d. h. „Lehrmaschinen“ werden an den meisten Schulen in den nächsten Jahren nicht zur Verfügung stehen oder aufgrund mangelnder Kenntnisse nicht zum Einsatz kommen.

„Das selbstständige Bearbeiten eines Programms im Sportunterricht wird aus organisatorischen Gründen (begrenzter Raum, begrenzte Anzahl von Geräten und Übungsstätten) nicht möglich sein, so dass man gezwungen ist, Niveaugruppen zu bilden, die dann gemeinsam die entsprechenden Lernschritte vollziehen.“[3]

Mit einfachen Verhältnissen meint man die Lernzielangebote in Form von Programm-Mappen (Karten mit Lehrtexten und Abbildungen), die real vorhandene Gerätausstattung der Sporthallen und die Fähigkeiten der Schüler und Lehrer, mit „solchen Programmen“ umzugehen.

Programmierter Unterricht in der Sekundarstufe

Im Sportunterricht der Sekundarstufe mit seinen Zielen in den Individualsportarten Leichtathletik, Gerätturnen und Schwimmen gibt es sicher Möglichkeiten, die Lehrmethode *Programmierter Unterricht* im begrenzten Umfang einzusetzen.

- In der unterrichtspraktischen Anwendung besagt das Prinzip der „Programmierung“, dass der Schüler nach einem individuellen, meist schriftlich vorgegebenen Auftrag lernt und übt.[4]

- Schüler bewerten diese Unterrichtsform im Allgemeinen recht positiv. Manchmal sind aber nach relativ kurzer Zeit Ermüdungserscheinungen sichtbar, weil die Gefahr besteht, dass die Schüler über eine recht lange Zeit auf eine Übung festgelegt werden.

- Im PU wird die Rolle des Lehrers weitgehend von Lehrprogrammen (z. B. Karten mit Lehrtexten, Programmmappen) übernommen.

- *Programmierter Unterricht* sollte nicht bei schwierigeren und komplexen/anspruchsvollen Bewegungsfertigkeiten eingesetzt werden.

- *Programmierter Unterricht* muss immer auch unter Beachtung der Sorgfalts- und Aufsichtspflicht und unter Berücksichtigung der jeweiligen materiellen Voraussetzungen (Sporthalle, Gerätevorkommen) geplant und organisiert werden.

[3] Fetz, F.: Programmierter Sportunterricht. Praktische Anleitungen für Schule und Verein. Wien 1978

[4] Söll, W.: Differenzierung im Sportunterricht – Zweiter Teilband, S. 98

7 Formen der didaktischen Differenzierung

Programmierter Unterricht **und Karten mit Lehrtexten**

Voraussetzung für die Umsetzung des *Programmierten Unterrichts* ist der Einsatz von vorbereiteten didaktischen Materialien, d. h. die Anfertigung von Arbeitskarten mit Arbeitsanweisungen und anschaulichen Abbildungen.

- Das **Wort- und Bildmaterial** wird entweder vom Sportlehrer selbst hergestellt oder aus der Fachliteratur übernommen.
- Die **Arbeitsanweisungen** (Aufgaben) sind in methodischer Folge angeordnet und steuern die Bewegungstätigkeiten der Schüler über einen bestimmten Zeitraum.
- Hinsichtlich der **Art und Gestaltung dieses Unterrichtsmaterials** besteht eine große Variationsbreite. Hierbei sollte der Sportlehrer immer „seine Schüler" im Blickfeld behalten und das Unterrichtsmaterial entsprechend gestalten.
- Bewährt haben sich Arbeitskarten/Mappen im Format DIN A5. Um die Mehrfachverwendung zu gewährleisten, sollte Karton (evtl. laminiert) und nicht nur gewöhnliches Papier verwendet werden.
- Um eigenständiges Lernen und Üben in individuellem Tempo zu ermöglichen, sollte jeder Schüler (oder jede Gruppe) eine eigene Programm-Mappe haben.

Voraussetzungen für die Durchführung

- Ein Programm zum Lernen und Üben einer Bewegungsfertigkeit kann nur dann erfolgreich durchgeführt werden, wenn die Schüler die konditionellen und koordinativen Voraussetzungen mitbringen.
- Die Bereitschaft der Schüler, das eigene Lerntempo zu beachten und nicht schneller sein zu wollen als andere. Erfahrungsgemäß dauert es manchmal, um leistungsorientierte Schüler davon abzuhalten, sich unbedingt in das Spitzenfeld nach vorn zu schieben.
- Für die reibungslose Durchführung eines Programms mit einer Klasse muss der Sportlehrer das Vorhandensein der benötigten Geräte abklären.

„Programmschritte" – Tipps und Hinweise für Schüler

- Suche dir einen oder zwei Partner, die mit dir gemeinsam üben.
- Lies jede Aufgabe erst einmal sorgfältig durch und sieh dir die Abbildung genau an.
- Führe die Aufgabe möglichst korrekt aus.
- Beachte die Reihenfolge der Übungen und lasse keine aus.
- Das Lerntempo bestimmst du selbst.
- Übe jede Aufgabe so lange, bis du selbst der Meinung bist, dass du sie gut beherrschst. Wie findet dein Partner deine Übung? In Zweifelsfällen kannst du auch die Hilfe des Sportlehrers in Anspruch nehmen.
- Dein Partner (oder ein anderes Gruppenmitglied) beobachtet und korrigiert. Dabei hat er immer die Arbeitskarte mit Text und Abbildung in den Händen, damit er sieht, wie die Bewegung richtig auszusehen hat.
- Beginn erst dann mit der nächsten Aufgabe, wenn du die vorhergehende korrekt gelöst hast.

7 Formen der didaktischen Differenzierung

<u>Beispiel</u>: Handstandabrollen
Differenzierung durch Einsatz/Gebrauch von Lehrkarten

Aufgabe 1:
Turne aus dem Sitz eine Kerze und stütze dich in den Hüften mit den Händen ab. Lass dich aus dieser Position gestreckt nach vorn fallen und mache dich beim Rollen ganz rund. Komme ohne mit den Händen nachzufassen in den Stand.

→ Gelingt dir diese Übung dreimal, dann gehe zu Aufgabe 2 weiter.

→ Wenn du das Abrollen noch nicht ganz geschafft hast, übe die Aufgabe 1a.

Aufgabe 1a:
Setze dich auf die Matte und umfasse deine Schienbeine. Schaukele mehrmals hin und her und komme beim dritten Vorschwung auf die Füße, ohne mit den Händen nachzufassen.

→ Gelingt dir diese Übung dreimal, versuche die Aufgabe 1 noch einmal.

Aufgabe 2:
Lege dich mit dem Bauch auf den seitgestellten hüfthohen Kasten. Setze deine Hände dicht an den Kasten auf die Matte, die Fingerspitzen zeigen nach vorn, Kopfhaltung normal. Beuge nun die Hüften und schwinge kräftig in den Handstand auf. Lasse dich danach gestreckt nach vorn fallen und rolle wie aus der Kerze ab.

Die Helfer rechts und links (Sportlehrer und Schüler) unterstützen das Aufschwingen in den Handstand und auch das Abrollen durch Griff an die Oberschenkel, um ein hartes Aufschlagen zu verhindern.

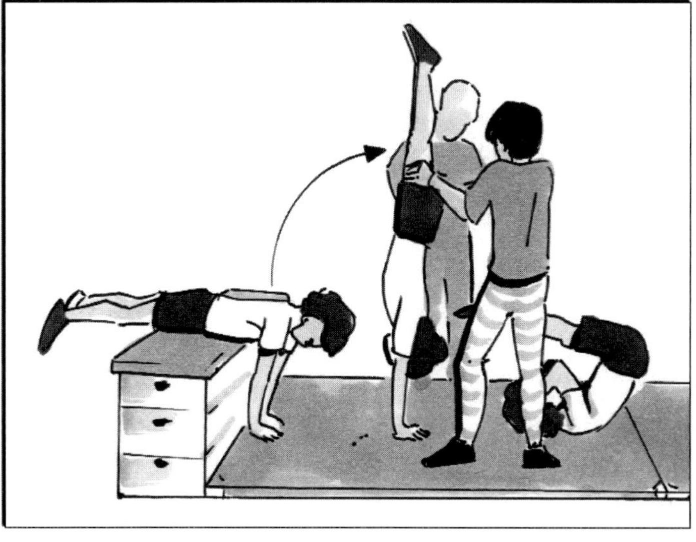

→ Übe immer wieder, bis du es fast ohne Hilfeleistung kannst. Wenn du es mehrere Male fast ohne Hilfe geschafft hast, gehe weiter zu Aufgabe 3.

Differenzierung im Sportunterricht / SEK
Bewegungsaufgaben für alle Schüler – Bestell-Nr. 13 020
KOHL VERLAG

Formen der didaktischen Differenzierung

Aufgabe 3:
Stand vor der schrägen Ebene (= Sprungbrett mit aufgelegter Matte). Schwinge in den Handstand auf und rolle auf der schrägen Ebene ab. Lasse dich dabei gestreckt über die Senkrechte fallen und beginne erst dann mit dem Abrollen. Komme ohne Nachfassen der Hände in den Stand.
Der Sportlehrer unterstützt das Aufschwingen in den Handstand mit Griff an den Oberschenkeln.

→ Gelingt dir diese Übung dreimal, dann gehe zu Aufgabe 4 weiter.

→ Wenn dir das Aufschwingen noch nicht gelingt, versuche die Aufgabe 3a.

Aufgabe 3a:
Stand mit leicht gebeugtem vorderen Bein und Händen über dem Kopf zur Turnbank. Setze die Hände auf die Bank und schwinge mit kräftigem Schwungbeineinsatz in den halben Handstand. Dein Partner beobachtet die Ausführung.

→ Gelingt dir diese Übung dreimal, versuche die Aufgabe 3 noch einmal.

Aufgabe 4:
Stand vor der Mattenbahn. Führe einen Auftaktschritt aus und schwinge in den Handstand auf. Lasse dich mit gestrecktem Körper über die Senkrechte nach vorn fallen und nimm erst im Abrollen die Knie zur Brust. Turne nach dem Abrollen einen Strecksprung und schließe sofort eine Rolle vorwärts und einen weiteren Strecksprung an.

Aufgabe 5:
Turnt abwechselnd die Aufgabe 4, vergleicht eure Bewegungsabläufe und besprecht evtl. weitere Verbesserungsmöglichkeiten.

7 Formen der didaktischen Differenzierung

Programmierter Unterricht **– Mischform**

<u>Beispiel</u>: Flop
Differenzierung durch Einsatz/Gebrauch von Lehrkarten

Aufgabe 1: **<u>Ziel: Schersprung</u>**

Laufe schräg an und führe einen Schersprung über die Zauberschnur oder die "Zacharias-Latte"[5] (Höhe ca. 60-80 cm) aus. Springe immer mit dem lattenfernen Bein ab, d. h. der Linksspringer (wie im Bild) läuft von der rechten Seite an.

<u>Hinweis</u>: Achte darauf, dass der Anlauf flüssig in den Absprung übergeht.

(Schnur oder Latte hüfthoch)

→ Wenn du diese Übung dreimal flüssig ausgeführt und die Schnur ohne Probleme übersprungen hast, übe die Aufgabe 2.

Aufgabe 2: **<u>Ziel: Schersprung mit Sitzlandung</u>**

Laufe schräg an und führe einen Schersprung über die Zauberschnur mit Sitzlandung aus.

<u>Hinweis</u>: Die Sprunghöhe etwas erhöhen, dadurch ergibt sich meistens schon eine Sitzlandung. Beobachtet gegenseitig eure Sprungversuche und die Sitzlandung.

→ Wenn du mehrere Male die Schnur ohne Probleme übersprungen hast und die Sitzlandung gelungen ist, gehe zu Aufgabe 3.

[5] Folienschlauch für Anfänger im Hochsprung, welcher mittels Gummizügen zwischen die Hochsprung-Ständer gespannt wird. Sicher und unkompliziert. Die Angst vor Verletzungen wird genommen.

Differenzierung im Sportunterricht / SEK
Bewegungsaufgaben für alle Schüler – Bestell-Nr. 13 020

Aufgabe 3: **Ziel: Kurvenlauf und Schersprung mit Sitzlandung**

Vorbereitung: Der Sportlehrer markiert die Anlaufkurve mit Pylonen. Die Höhe wird so festgelegt, dass die Schüler sie gerade noch so überspringen können, um eine Sitzlandung zu erzwingen. Evtl. die Landefläche durch mehrere Weichböden aufeinander erhöhen, sodass dadurch die Sitzlandung zustande kommt.

Die folgende Skizze veranschaulicht noch einmal die Anlaufkurve und den Drei-Schritt-Anlauf vor dem Absprung mit dem lattenfernen Bein.

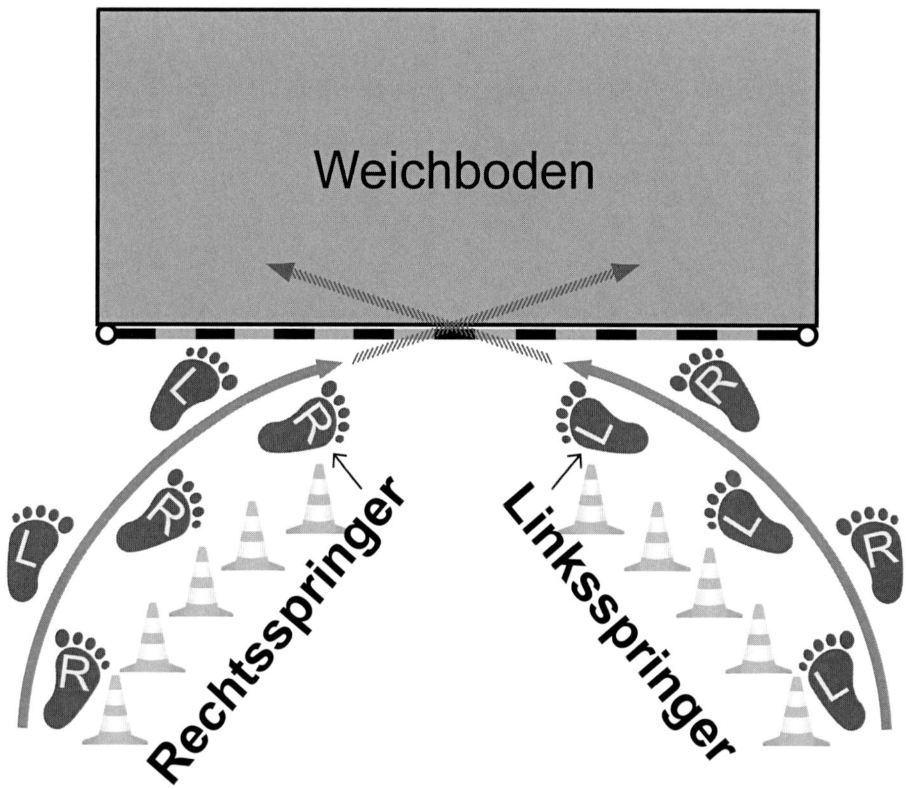

Laufe mit 3-5 Schritten an der markierten Bogenlinie entlang und springe mit deinem Sprungbein ab. Wiederhole den Sprung einige Male, bis dein Bewegungsablauf immer sicherer wird.

Der Fall Linksspringerin:
- Anlauf von rechts
- mit dem linken (lattenfernen) Fuß abspringen

→ Wenn du diese Übung mehrere Male sicher gemeistert hast, dann gehe weiter zu Aufgabe 4.

Aufgabe 4: **Ziel: Standflop**

Stelle dich mit dem Rücken zum Weichboden. Springe mit beiden Füßen ab und lande mit ausgebreiteten Armen auf dem Rücken. Drücke beim Flug den Bauch heraus und lass die Beine hängen.

Tipp: Wenn du noch etwas Hilfe benötigst, lege ein Sprungbrett an die Absprungstelle und springe vom Sprungbrett ab. Dadurch hast du mehr Zeit für die Flophaltung. Versuche es nach einigen Versuchen wieder ohne die Absprunghilfe.

→ Führe diese Übung so lange aus, bis die Flophaltung deutlich erkennbar ist, und übe dann die Aufgabe 5.

→ Wer es noch nicht schafft, übt zunächst die Aufgabe 4a.

Aufgabe 4a:

Vorbereitung: Die Höhe des Mattenhügels wird so eingerichtet, dass die Schüler nur noch mit dem Rücken auf dem Weichboden landen können. Die Hohlkreuzhaltung wird durch den Mattenhügel „erzwungen“.

Stelle dich mit dem Rücken zum Weichboden hin. Springe mit beiden Füßen ab – ein Mitschüler und der Sportlehrer unterstützen dich mit Griff am Hosenbund dabei, die Flophaltung einzunehmen.

Differenzierung: Erfahrungsgemäß muss eine zweite Hochsprunganlage aufgebaut werden, weil die Sprunghöhen der Schüler zu unterschiedlich sind.

Differenzierung im Sportunterricht / SEK
Bewegungsaufgaben für alle Schüler – Bestell-Nr. 13 020

7 Formen der didaktischen Differenzierung

Aufgabe 4: <u>**Ziel: Flop mit Anlauf**</u>

Laufe mit 5-7 Schritten auf dem Anlaufbogen an und springe ab. Lande auf dem gesamten Rücken und lass die Beine hängen. Partner und Sportlehrer beobachten deinen Sprung und geben korrigierende Hilfen.

Der Fall Linksspringer:

- Anlauf von rechts
- mit dem linken (lattenfernen) Fuß abspringen

Wiederhole diesen Sprung einige Male und achte auf den flüssigen Übergang zwischen Anlauf und Absprung. Mit zunehmender Sicherheit kannst du die folgenden Aufgaben umsetzen und deine Sprungtechnik weiter verbessern.

→ Übe nun die Aufgabe 6.

Aufgabe 6: <u>**Ziel: Verbessern des Schwungbeineinsatzes**</u>

Reiße (als Rechtsspringer) beim Absprung das linke Knie in einem Kreisschwung hoch. Drücke über der Latte den Bauch nach oben und lasse die Beine hängen. Klappe die Beine erst spät zur Landung hoch.
Übe zuerst im Stand – dann im Gehen und dann im Sprung. Wiederhole diesen Sprung mit betontem Schwungbeineinsatz einige Male und lasse dich dabei von Mitschülern und Sportlehrer beobachten, damit sie dich auf wesentliche Punkte hinweisen können.

<u>Hinweis</u>: Mache dir den Absprung und die Körperdrehung durch den diagonalen Kniehub bewusst.

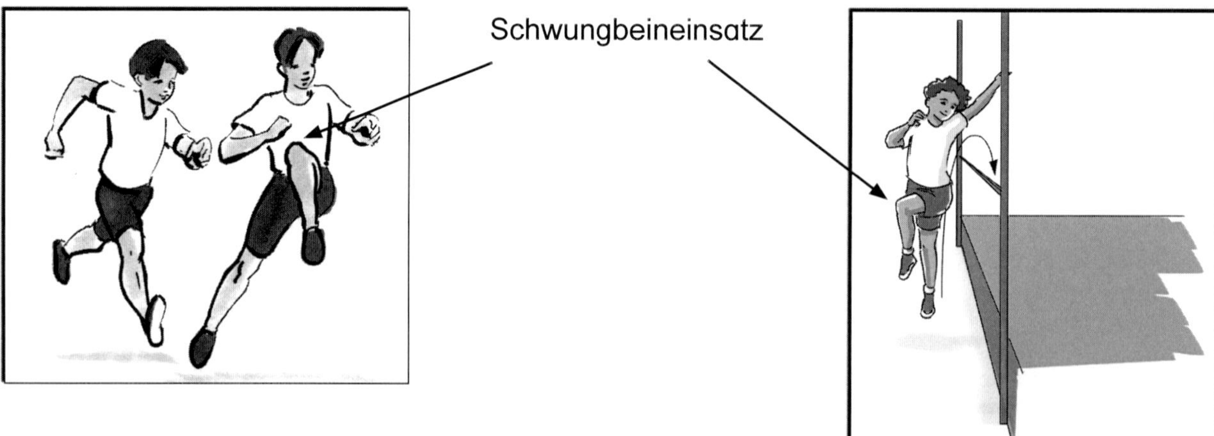

Aufgabe 7: <u>**Ziel: Festigen und Formen des Flops**</u>

Laufe mit 5-7 Schritten an – steigere dabei möglichst dein Tempo (Steigerungslauf) und überspringe die Latte/Schnur in gewohnter Weise.
Achte dabei auf die leichte Körperrücklage, die Senkung des Körperschwerpunktes und den Schwungbeineinsatz beim Absprung. Übe den Flop und versuche die Technik zu festigen – auch mit leicht ansteigender Höhe.

7.2 Freie Schülertätigkeit

Selbsttätigkeit der Schüler ist eng mit den Begriffen Spontaneität, Kreativität und Gestaltung verbunden. Aufgrund der Gesamtverantwortung des Sportlehrers und der Kenntnis über die Fähigkeiten „seiner Schüler“ in der Jahrgangsklasse muss gut überlegt werden, was möglich und durchführbar ist.

Bewegungsaufgabe
Die Formen des kreativen und entdeckenden Lernens lassen sich im Sportunterricht der Sekundarstufe mit motivierenden Bewegungsaufgaben gut umsetzen.

Bewegungsaufgaben haben eine differenzierende Funktion
Durch Bewegungsaufgaben werden den Schülern unterschiedliche Lösungsmöglichkeiten zum kreativen und selbsttätigen Lernen/Üben angeboten.

Die differenzierende Funktion der freien Schülertätigkeit liegt vor allem darin, dass der einzelne Schüler die jeweilige Bewegungsaufgabe abhängig von seinen Vorerfahrungen, Voraussetzungen und Fähigkeiten lösen kann.

<u>**Hinweise zum Stellen bzw. Üben von Bewegungsaufgaben**</u>

- Die Bewegungsaufgaben müssen altersgerecht sein und motivierend auf die Schüler wirken, d. h. ihre Aktivität und Kreativität anregen.
- Der Sportlehrer sollte immer dazu ermuntern, eigene Ideen in Aktivitäten umzusetzen.
- Manchmal kann man in der Praxis feststellen, dass manche Schüler zunächst einmal abwarten, weil sie keine Ideen haben, und erst einmal schauen, was andere Schüler machen.
- Danach versuchen sie, die von anderen Schülern ausgeführten Bewegungen nachzuahmen, dabei kann es auch zu individuellen Überforderungen kommen – dann muss der Sportlehrer eingreifen.
- Im Verlauf einer Sportstunde hat es sich auch bewährt, dass ein Schüler seine Bewegungsaufgabe (= „Lösung“) vorstellt und alle anderen versuchen es nachzumachen.

Beispiel für die freie Schülertätigkeit: Bewegt euch mit Teppichfliesen
Differenzierung durch individuelle Lösungen

Einzelübungen mit einer Teppichfliese

Jeder Schüler erhält eine Teppichfliese und sucht sich damit einen freien Platz in der Sporthalle. Die Teppichfliesen werden umgedreht (= Flausch nach unten), damit das Gleiten möglich wird.

a) Stand mit dem einem Fuß auf der Teppichfliese:
Mit dem anderen Fuß sich kräftig abstoßen (Roller fahren) und so vorwärts gleiten.
- Fußwechsel vornehmen;
- Stand mit einem Fuß auf der Teppichfliese: Mit dem anderen Fuß sich so abdrücken, dass man rückwärts gleitet.

b) (Hierzu zweite Fliese borgen.) Mit beiden Füßen auf jeweils einer Teppichfliese stehen: Das Körpergewicht auf den linken Fuß bringen und die rechte Fliese mit dem rechten Fuß vorwärts schieben, anschließend umgekehrt usw.

c) Beide Hände auf der Teppichfliese: Die Fliese mit beiden Händen vorwärts schieben.
- Die Fliese mit beiden Händen um ein Wendemal schieben.
- Die Fliese mit beiden Händen im Slalom um Markierungskegel schieben.

Partnerübungen mit einer Teppichfliese
Etwa gleichstarke Partner finden sich zusammen, jedes Paar hat eine Teppichfliese.

d)
- Schüler A sitzt im Schneidersitz auf der Teppichfliese, Schüler B schiebt ihn am Rücken vorwärts.
- Schüler A sitzt auf einer Teppichfliese, Schüler B zieht ihn an den Füßen/Händen durch die Sporthalle.

e) Schüler A geht in den Liegestütz vorlings – mit beiden Händen auf einer Teppichfliese: Schüler B steht zwischen den Beinen von Schüler A und fasst dessen Oberschenkel und schiebt ihn so langsam vorwärts.

f)
- Schüler A steht mit beiden Füßen in leichter Kniebeuge auf einer Teppichfliese und hält in seinen Händen die Enden eines Sprungseils. Schüler B legt das Sprungseil um seine Hüften und zieht so Schüler A langsam vorwärts.
- Schüler A sitzt auf einer Teppichfliese und hält in seinen Händen die Enden eines Sprungseils: Schüler B legt das Sprungseil um seine Hüften und zieht Schüler A langsam vorwärts.

7 Formen der didaktischen Differenzierung

Beispiel für die freie Schülertätigkeit: Bewegt euch mit Ball und Reifen
Differenzierung durch individuelle Lösungen

Jeder Schüler bekommt einen Gymnastikreifen (möglichst aus Holz) sowie einen gut springenden Gymnastikball und sucht sich damit einen freien Platz in der Sporthalle.

a) Den Ball im Reifen prellen und dabei Schrittwechselsprünge über den Rand des Reifens ausführen.

b) Prellen des Balles im Reifen, dabei mit Schlusssprüngen aus dem Reifen heraus- und wieder hineinhüpfen.

c) Den Ball im Reifen prellen und dabei langsam außerhalb um den Reifen gehen, zunächst rechts herum und anschließend links herum.

d) Den Ball im Reifen prellen und dabei im Innenrund des Reifens gehen. Zunächst mit der geübten Hand, danach auch mit der ungeübten Hand.

e) Den Ball prellen und sich dabei in den Reifen setzen, den Ball dabei immer weiter prellen und anschließend wieder aufstehen.

f) Grätschsitz im Reifen – Abstand ca. 2-3 m von der Wand: Druckwurf mit dem Gymnastik- oder Basketball gegen die Wand und Fangen des zurückspringenden Balles.

g) Den Ball so gegen die Wand werfen, dass er danach in einem davor liegenden Reifen landet.

h) Einen Ball so „dosiert“ rollen, dass er in einem ca. 3-5 m entfernten Reifen liegenbleibt.

i) Den Reifen senkrecht vor sich hinstellen und mit einer Hand von oben fassen. Nun den Reifen kräftig „zwirbeln“, so dass er sich auf der Stelle um sich selbst dreht, und mit der anderen „freien“ Hand den Ball auf den Boden prellen.

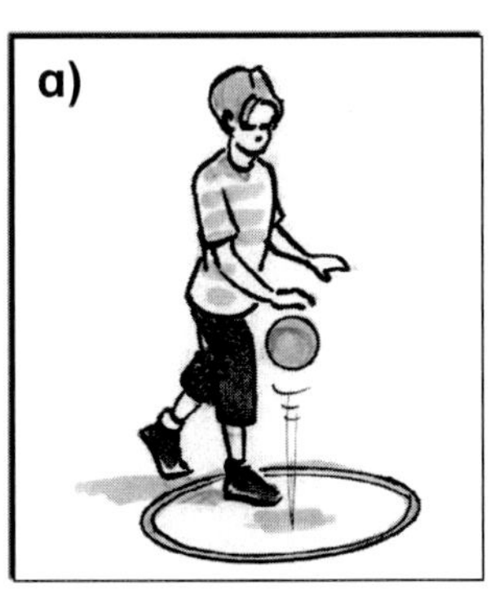

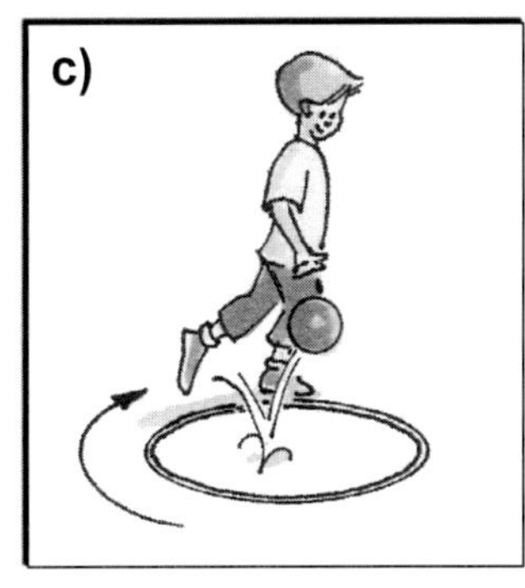

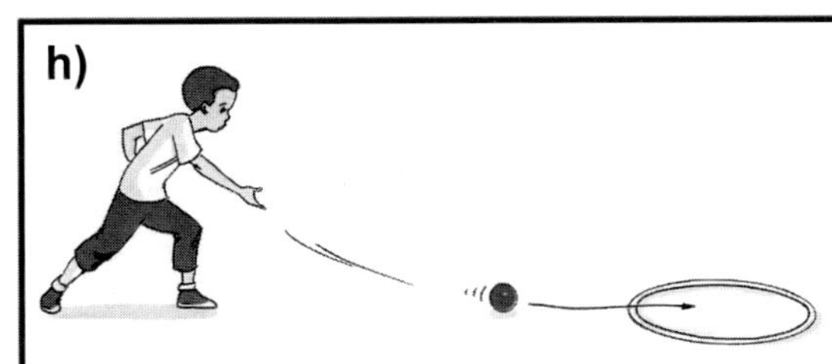

7.3 Riegenunterricht (Riegenbetrieb)

Der Riegenunterricht (Riegenbetrieb) ist eine der bekanntesten und ältesten Organisationsformen im Sportunterricht. In der Sekundarstufe kommt der Riegenunterricht für eine kurzfristige Gruppierung zum Einsatz, z. B. beim Wiederholen, Festigen und Formen von bekannten Bewegungsfertigkeiten.

Charakteristisch für den Riegenunterricht ist, dass ...
- die Klasse in gleich große Riegen (Gruppen) eingeteilt wird;
- die Schüler sich hintereinander in Riegen aufstellen;
- alle Schüler gemeinsam nacheinander den gleichen Bewegungsablauf bzw. die gleiche Bewegungsabfolge ausführen;
- der Sportunterricht eine geringe Intensität und längere Wartezeiten aufweist etc.

Wichtig!
- Die Anzahl der Riegen ist abhängig von der Schülerzahl, vom Raum und vom Geräteangebot.
- Die Übergänge zwischen den einzelnen Riegen sind aufgrund der Lernfortschritte einzelner Schüler fließend.
- Die Einteilung in Riegen nach Interessen/Neigung sind in der Sekundarstufe unter Beachtung der Sorgfalts- und Aufsichtspflicht möglich.

Die Einteilung der Riegen kann nach unterschiedlichen Gesichtspunkten vorgenommen werden, z. B. ...
- **nach der Körpergröße (z. B. bei verschieden hohen Geräten);**
- **aus Gründen der Differenzierung (Leistungsriege, Neigungsriege)**

Beim Riegenunterricht im Sinne von Leistungsriegen wird versucht, das Prinzip der Niveaugruppierung auf den Klassenverband zu übertragen. Dies kann bei bestimmten Inhalten/Zielsetzungen notwendig und erfolgreich sein, doch sollte dies nur in zeitlich begrenztem Umfang geschehen.

Beispiel: Kehre am Stützbarren
Differenzierung durch unterschiedlich hohe Geräte und Aufgaben

Kehre vom kleinen Kasten:	**Kehre aus dem Stand**:	**Kehre mit Vierteldrehung zum Gerät**:
Hände etwas vorgreifen, Sprung in den Stütz mit sofortigem Vorschwung und Kehre über den Holm.	Sprung in den Stütz mit sofortigem Vorschwung und Kehre über den Holm.	Sprung in den Stütz, Vorschwung, Rückschwung und Vorschwung mit anschließender Kehre mit Vierteldrehung zum Gerät. Der Schüler steht nach der Landung mit der Brust zum Gerät.

Riege A

Stützbarren 1,20-1,30 m

Riege B

Stützbarren 1,30-1,50 m

Riege C

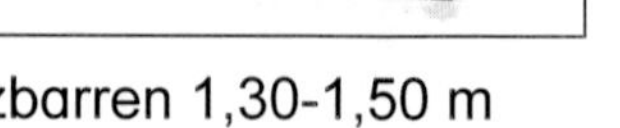

Stützbarren 1,30-1,50 m

7 Formen der didaktischen Differenzierung

Beispiel: Hockwende an verschiedenen Geräten
Differenzierung nach der Leistungsfähigkeit

Es werden drei Riegen gebildet, die aufgrund ihrer Vorerfahrungen und Leistungsfähigkeit verschiedene Bewegungsfertigkeiten ausführen.

Riege A: Anlauf und Hockwende über den drei- bis vierteiligen Kasten

Riege B: Hockwende von Kasten zu Kasten: Stand auf dem kleinen Kasten in der Holmengasse, mit den Händen etwas vorgreifen, Auftakthüpfer und Hockwende nach links turnen – Zwischenhüpfer – Hockwende in die Mitte – Zwischenhüpfer und Hockwende nach rechts.

Riege C: Aus Seitstand auf niedrigem Holm mit Zwiegriff **Hockwende über den hohen Holm** in den Außenquerstand.

Beispiel: Festigen und Formen von Bewegungsfertigkeiten an Gerätebahnen
Differenzierung nach der Leistungsfähigkeit

Es werden drei Riegen gebildet, die aufgrund ihrer Vorerfahrungen und Voraussetzungen die entsprechende Gerätebahn auswählen.

Riege A:
Flugrolle und Hockwende über den Kasten

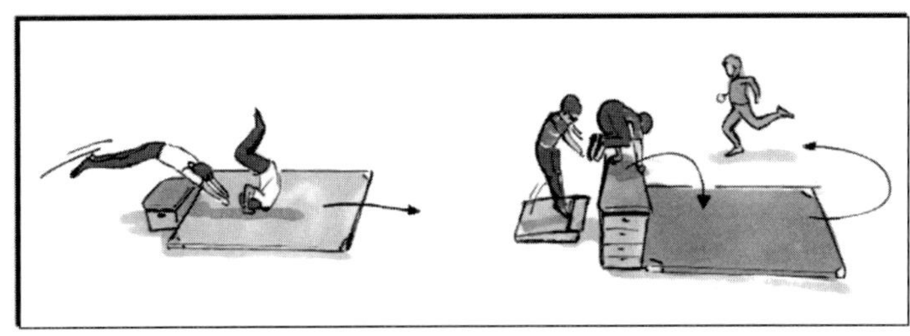

Riege B:
Kehre und Grätsche über den Bock

Riege C:
Hockwende am Stützbarren, Grätsche über den Bock und Flugrolle

Differenzierung im Sportunterricht / SEK – Bestell-Nr. 13 020
Bewegungsaufgaben für alle Schüler

7 Formen der didaktischen Differenzierung

Riegenbetrieb mit Zusatzaufgaben

Um Wartezeiten zu verkürzen und die Intensität zu erhöhen, wird der Riegenbetrieb häufig mit Zusatzaufgaben umgesetzt, d. h. nach der Hauptübung werden auf dem Rückweg zum Stellplatz der Riege Zusatzaufgaben ausgeführt. Damit der Unterrichtsverlauf nicht gestört bzw. unterbrochen wird, kommen dabei bereits bekannte/gekonnte Bewegungsfertigkeiten zum Einsatz. Die Zusatzaufgaben sollten keine besonderen Sicherungsvorkehrungen erfordern und möglichst andere Muskelgruppen als in der Hauptübung beanspruchen.

Beispiel: Handstandabrollen mit Zusatzaufgaben
Differenzierung nach der Leistungsfähigkeit (2 Riegen)

Hauptübung Handstandabrollen

Zusatzaufgabe 1. Zusatzaufgabe: Ballwurf aus der Bauchlage gegen die Bank
2. Zusatzaufgabe: Auf- und Abstützeln am kleinen Kasten

Hauptteil

Je nach Leistungsstand werden zwei Gruppen gebildet: Alle Schüler, die das Handstandabrollen fast ohne Hilfe schaffen, gehen zu den beiden hintereinander liegenden Matten. Alle anderen Schüler stellen sich am großen Kasten auf – siehe Skizze.

Riege A: Schüler, die das Handstandabrollen schon können

Stand vor den Matten in Schrittstellung, Auftaktschritt und in den Handstand schwingen. Sich über die Senkrechte mit gestrecktem Körper nach vorn überfallen lassen und erst im Abrollen die Knie an die Brust ziehen. Evtl. kann ein Mitschüler anfangs noch Hilfeleistung beim Schwingen in den Handstand geben.

Riege B: Schüler, die noch Hilfe benötigen

Sich mit dem Bauch auf den seitgestellten hüfthohen Kasten legen. Nach vorn neigen und die Hände dicht an den Kasten auf die Matte setzen. Die Hüften auftaktartig beugen und kräftig in den Handstand schwingen. Mit Hilfestellung sich über die Senkrechte gestreckt hinaus nach vorn überfallen lassen und abrollen.

Hinweis: Hände schulterbreit aufsetzen, die Arme sind gestreckt, Fingerspitzen zeigen nach vorn, Kopf leicht ins Genick nehmen. Die rechts und links stehenden Schüler unterstützen den Bewegungsablauf mit Griff an den Oberschenkeln.

→ Danach sofort zu den Matten mit den darauf liegenden Bällen gehen (siehe Skizze S. 67).

1. Zusatzaufgabe: Bauchlage auf der Matte, die Schultern schließen mit der Mattenkante ab: Den Ball mit beiden Händen kräftig gegen die Bank stoßen, so dass er zu den Händen zurückkommt.

Hinweis: Die Arme und Hände sollten während des Wegstoßens den Boden nicht berühren. Die Bälle immer an den ablösenden Schüler weitergeben!

→ So lange üben, bis der nachfolgende Schüler den Übenden ablöst.

2. Zusatzaufgabe: Aus dem Liegestütz vorlings mit geschlossen Füßen vor dem kleinen Kasten auf- und abstützeln.

Hinweis: Darauf achten, dass beide Hände auf dem kleinen Kasten sein müssen, bevor danach mit dem Abstützeln begonnen wird. Der Körper bleibt gestreckt – nicht ins Hohlkreuz gehen!

→ So lange üben, bis der nachfolgende Schüler den Übenden ablöst. Anschließend wieder zum Stellplatz der Riege gehen (großer Kasten oder Matten).

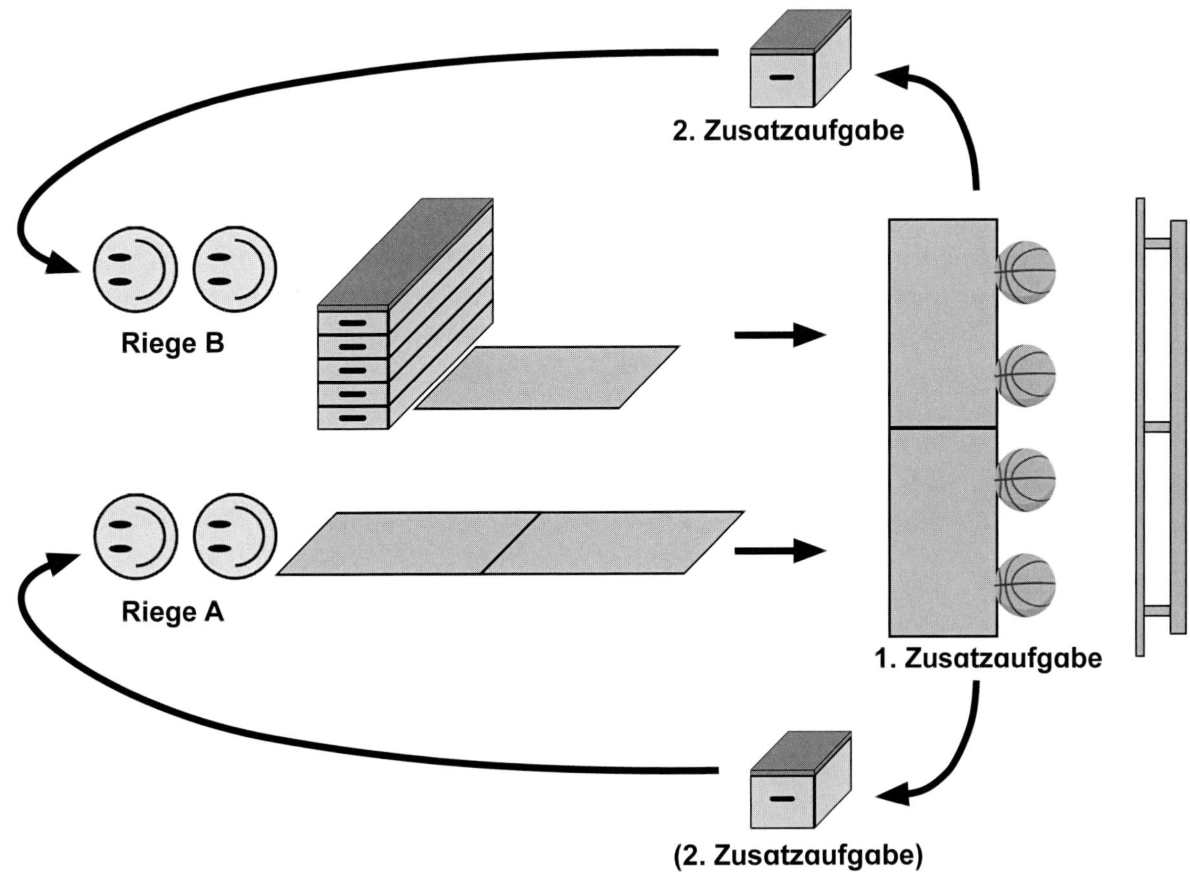

7.4 Gruppenunterricht

Unter Gruppenunterricht wird ganz allgemein das Üben in heterogenen Kleingruppen verstanden, d. h. der Klassenverband (Jahrgangsklasse) wird in mehrere heterogene Gruppen aufgeteilt.

Die differenzierende Funktion des Gruppenunterrichts ist darin zu sehen, dass jedes Gruppenmitglied nach seinen Fähigkeiten zur gemeinsamen Aufgabe beitragen kann.[6]

Die Einteilung der Klasse in Gruppen dient zur Lösung einer bestimmten Aufgabe, wobei das Problem inhaltlicher oder organisatorischer Natur sein kann. Es wird erwartet, dass jedes Gruppenmitglied entsprechend seiner Fähigkeiten und Möglichkeiten seinen Anteil zur Lösung der gestellten Aufgabe beiträgt. Dabei können die Anteile der einzelnen Schüler annähernd gleich, aber auch recht unterschiedlich sein. Sportunterricht in Gruppen kann in verschiedenen Formen durchgeführt werden. Die im Folgenden genannten Formen des Sportunterrichts in Gruppen wird vielen Sportlehrern bekannt sein. Die sich anschließenden praktischen Beispiele veranschaulichen die Aussagen und dienen zum besseren Verständnis.

[6] Söll, W.: Differenzierung im Sportunterricht, zweiter Teilband, S. 102

Differenzierung im Sportunterricht / SEK – Bestell-Nr. 13 020
Bewegungsaufgaben für alle Schüler
KOHL VERLAG

7 Formen der didaktischen Differenzierung

Beispiel: Hockwende am Stützbarren
Differenzierung durch Veränderung der Kernübung

Die Klasse wird in 3 Gruppen im Rahmen eines rein lehrergesteuerten Sportunterrichts aufgeteilt. Ein Wechsel ist nicht vorgesehen, da im Grunde an jeder Station die gleiche Bewegungsfertigkeit ausgeführt wird. Grundsätzlich findet hier keine Differenzierung statt. Allerdings können leistungsstärkere Schüler durch die Aufgabenstellung des Sportlehrers die „Kernübung" (siehe Abb. links) in veränderter Form turnen (siehe Abb. rechts). Dies ist oft so wie hier im Beispiel ohne größeren Materialaufwand möglich.

Kernübung:
Stand auf dem kleinen Kasten in der Holmengasse, mit den Händen etwas vorgreifen. Einen kleinen Auftakthüpfer ausführen und dann die Hockwende über den Holm auf die Matte turnen.

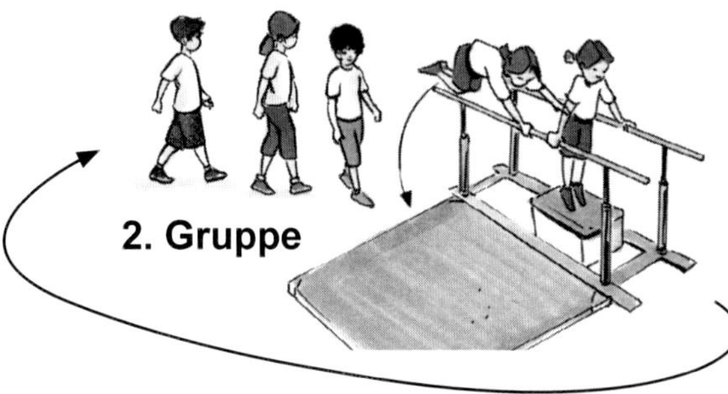

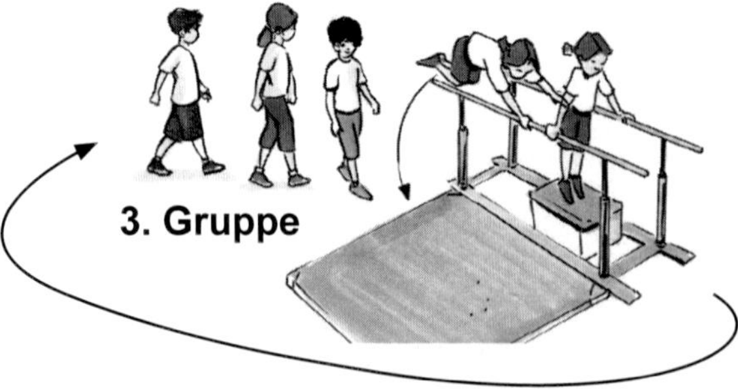

Variante 1: (leistungssteigernd):
Stand auf dem kleinen Kasten in der Holmengasse, mit den Händen etwas vorgreifen, Auftakthüpfer und Hockwende nach links auf linken kleinen Kasten turnen – Zwischenhüpfer – Hockwende in die Mitte – Zwischenhüpfer – Hockwende nach rechts usw.

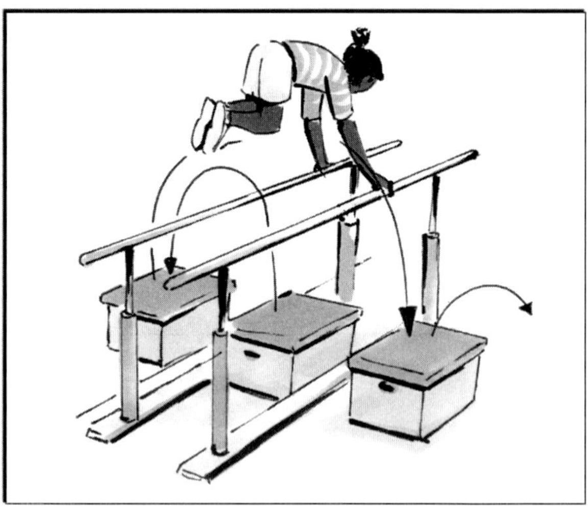

Variante 2: (leistungssteigernd):
Sprung in den Stütz – Vorschwung – Rückschwung – Hockwende mit ¼ Drehung zum Gerät, beide Hände fassen in der Endphase den einen Holm.

7 Formen der didaktischen Differenzierung

Beispiel: Schulen konditioneller/koordinativer Fähigkeiten an und mit Weichböden
Differenzierung durch individuelle Anteile

Weichboden anheben

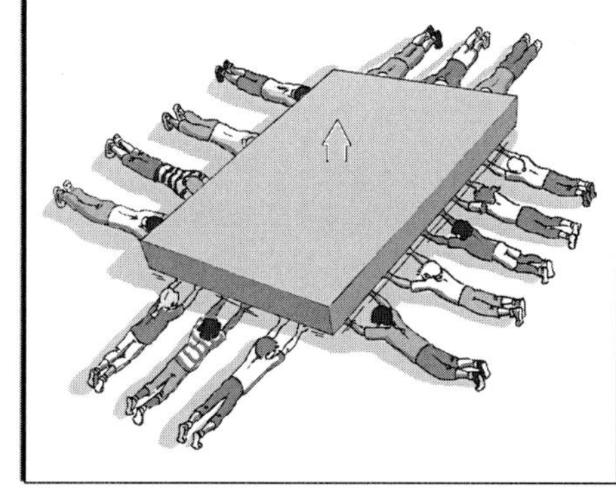

Die Schüler sind in Bauchlage mit fast gestreckten Armen nebeneinander, die Füße werden aufgesetzt, der Blick geht zum Weichboden: Mit fast gestreckten Armen den Weichboden gemeinsam anheben, einen kleinen Moment so halten und dann wieder vorsichtig auf den Boden absetzen. Damit das gemeinsame Anheben auch gelingt, gibt ein Schüler oder der Sportlehrer ein kurzes Kommando – „Und hoch"!

Variation: Ein Bein etwas vom Boden anheben und während der Übung oben halten. Das Bein wird gemeinsam mit dem Ablegen des Weichbodens auf den Boden zurückgeführt.

Weichboden hochwerfen

Alle Schüler stehen in zwei Gruppen nebeneinander an den Längsseiten des Weichbodens und heben ihn gemeinsam etwa hüfthoch an. Anschließend werfen sie ihn mit Schwung leicht nach oben in die Luft und fangen ihn danach wieder auf. 3-5mal hochwerfen und wieder auffangen.

Weichboden hin- und herschwingen

Die Schüler verteilen sich gleichmäßig an den Längsseiten des Weichbodens: Die Matte hüfthoch anheben und mehrmals leicht hin- und herschwingen (oder vor- und zurück). Die Hände bleiben immer an/unter der Matte – nicht den Kontakt verlieren.

Weichboden über Kopf tragen

Die Schüler stehen an den beiden Längsseiten des Weichbodens: Gemeinsam die Matte über Kopfhöhe anheben und sich schnell unter dem Weichboden verteilen. Nun damit langsam vorwärts geradeaus gehen, dabei nach den anderen schauen.

Weichboden und Kniebeuge

Gemeinsam die Matte über Kopfhöhe anheben und schnell unter den Weichboden gehen. Im Stand gemeinsam 7-10mal die Arme beugen und strecken.

Variation: Gemeinsam die Matte über Kopfhöhe anheben und schnell unter den Weichboden gehen. Im Stand gemeinsam in die halbe Kniebeuge gehen und anschließend wieder in den Stand zurückkommen. Die Arme halten den Weichboden dabei immer mit fast gestreckten Armen über Kopf.

Weichbodentransport

Die Schüler stehen an den beiden Längsseiten des Weichbodens, heben gemeinsam die Matte über Kopfhöhe und gehen dann schnell unter den Weichboden. Die Schüler stehen zu dritt oder zu viert nebeneinander. Nun wird der Weichboden über die Hände der fest am Ort unter der Matte stehenden Schüler langsam nach vorn weiter geschoben. Dabei wird die letzte Reihe Schüler bald frei, so dass diese nach vorn laufen und sich dort wieder unter die Matte stellen können.

Differenzierung im Sportunterricht / SEK
Bewegungsaufgaben für alle Schüler – Bestell-Nr. 13 020

7 Formen der didaktischen Differenzierung

Beispiel: „Wackelschlange“ – „Nummernwettlauf“ – „Liegestützball“
Differenzierung durch individuelle Anteile

Jeder Schüler trägt ganz individuell entsprechend seiner Möglichkeiten zum Gruppenerfolg bei. Die Anteile können dabei recht unterschiedlich sein.

„Wackelschlange“

Die Klasse wird in 2-3 Gruppen aufgeteilt (gleiche Anzahl). Zu jeder Gruppe gehören 6-8 Schüler, die in Reihe um ein Wendemal laufen müssen: Jeder Schüler greift dabei mit seinem rechten Arm durch die eigenen gegrätschten Beine nach hinten, wo der Hintermann mit der linken Hand zufasst. Vorsichtig und langsam sich vorwärts bewegen, damit die Handfassung nicht abreißt. Sollte die Schlange abreißen, kann diese Gruppe nicht gewertet werden. Welche Gruppe erreicht zuerst wieder die Ausgangsstellung?

„Nummernwettlauf“

Die Klasse wird in mehrere anzahlmäßig gleichgroße Gruppen aufgeteilt, die sich hintereinander in ebenso viele ausgelegte Reifen stellen. Die Abstände zwischen den Reifen werden entsprechend der Hallen-/Spielfeldgröße gewählt (mindestens 2-3 m). Alle Gruppen zählen durch, jeder Mitspieler merkt sich seine Nummer. Die Wendepunkte werden durch Markierungshütchen/Fahnenstangen markiert. Der Sportlehrer ruft eine Zahl auf, z. B. „4", worauf nur die Kinder starten und um die Wette laufen, die diese Nummer erhalten haben. Es wird immer zunächst nach vorn abgelaufen (das gilt auch für die Nummer 1), dann das erste Markierungshütchen umlaufen, danach die lange Gerade entlang zum zweiten Wendemal und um dieses herum gelaufen, schließlich zurück in den Reifen. Wer zuerst mit beiden Füßen im Reifen steht, hat gewonnen.

„Liegestützball“

Es werden 2-3 Gruppen gebildet. Die Spieler jeder Mannschaft gehen in Linie nebeneinander in den Liegestütz vorlings, sodass ein Tunnel entsteht. Der erste und der letzte Spieler stehen. Nachdem der vorn stehende Schüler auf ein Zeichen des Sportlehrers den Ball durch den Tunnel durchgerollt hat, schließt er sich sofort dem Tunnel an; alle Schüler nehmen, sobald der Ball unter ihnen durchgerollt ist, zur Entlastung die Bauchlage ein. Der letzte Schüler nimmt den gerollten Ball auf und läuft mit ihm ans vordere Ende, um ihn ebenfalls durch den Tunnel zu rollen. Das wiederholt sich so lange, bis die alte Reihenfolge wieder hergestellt ist. Welche Riege ist zuerst durch?

8 Methodische Differenzierung

Merkmale – Mittel – Ebenen

Methodische Differenzierung bezeichnet die differenzierenden Maßnahmen, die bei prinzipieller Wahrung der Einheitlichkeit des Klassenunterrichts anwendbar sind.[1] Kennzeichen der methodischen Differenzierung ist, dass der Klassenverband und kollektives Lernen so lange wie möglich erhalten bleibt.

Merkmale der methodischen Differenzierung

- Die Klasse wird als geschlossene Lerngruppe beibehalten.
- Von der gemeinsamen Zielsetzung wird nur kurzfristig abgewichen.
- Die Differenzierung erfolgt vorwiegend auf einer methodischen bzw. organisatorischen Ebene.

Mittel der methodischen Differenzierung sind u. a.:

- Unterschiede in der Zielsetzung, z. B.
  Teilziele und/oder vereinfachte Übungsausführung;
- unterschiedliche methodische Maßnahmen, z. B.
  Einsatz von Bewegungs- und Geräthilfen;
- unterschiedliche Lern- und Übungsbedingungen, z. B.
  Geräthöhe (Höhe der Reckstange, Höhe des Bockes),
  Gerätgewichte (Medizinball oder Gymnastikball);
- Unterschiede in der physischen und motorischen Belastung, z. B.
  unterschiedliche Übungszeit beim Zirkeltraining,
  abgestufte Wiederholungszahl, abgestufte koordinative Anforderungen usw.

Die zwei Ebenen der methodischen Differenzierung [2]:

– nach der körperlichen Leistungsfähigkeit und
– nach der motorischen Lernfähigkeit

1. Differenzierung nach der <u>körperlichen Leistungsfähigkeit</u> und dabei unter einem mehr <u>quantitativen Aspekt</u>
<u>Merkmal</u>: Bestimmte Schüler laufen länger, werfen weiter, springen höher oder bewältigen eine größere Wiederholungszahl als andere.

Beispiel: Wettlauf zu zweit mit Treffpunkt
Differenzierung nach der Leistungsfähigkeit

Ein schwächerer und ein laufstarker Schüler bilden ein Paar und gehen gegenüber an den Grundlinien der Sprintstrecke (50-75 m) in die Hoch- oder Tiefstartstellung. Auf Pfiff laufen alle Läuferpaare los. Welches Paar trifft sich zuerst?
<u>Hinweis</u>: Bei diesem Wettlauf laufen die leistungsstärkeren Schüler schneller und mehr an Strecke als die leistungsschwächeren Schüler.

[1] Söll, W.: 1979, S. 83
[2] Söll, W.: Differenzierung im Sportunterricht, S. 217

Differenzierung im Sportunterricht / SEK
Bewegungsaufgaben für alle Schüler – Bestell-Nr. 13 020

8 Methodische Differenzierung

Beispiel: Kurvenlauf im Gelände
Differenzierung nach der Leistungsfähigkeit

Der Sportlehrer läuft mit seiner Klasse/Gruppe langsam 6-8 min mit großen bogenförmigen Laufwegen im Park/Gelände. Die Gruppe sollte dabei möglichst zusammenbleiben. Schüler, die dem ruhigen Lauftempo nicht ganz folgen können, dürfen die Strecke immer wieder abkürzen und engere Kurvenradien laufen. Auf diese Weise können auch laufschwächere Schüler den Anschluss immer wieder herstellen.

Beispiel: Sprintermehrkampf
Differenzierung nach der Leistungsfähigkeit

Es werden drei gleichstarke Gruppen gebildet. Der erste Schüler jeder Gruppe geht an die Startlinie und nimmt die Tiefstartstellung ein. Jeder Teilnehmer gewinnt für seine Mannschaft je nach Einlauf: 1. Platz = 5 Punkte, 2. Platz = 3 Punkte, 3. Platz = 1 Punkt. Danach kommen die zweiten Schüler jeder Gruppe dran. So geht es immer weiter, bis alle einmal gelaufen sind. Welche Gruppe hat am Schluss die meisten Punkte?

Hinweis: Um jedes Rennen offen zu gestalten, startet bei dem zweiten kompletten Durchgang der Erste des vorherigen Laufes einen Meter hinter der Startlinie, der Zweite an der Startlinie und der Dritte einen Meter vor der Startlinie. So muss auch der leistungsstärkere Schüler wieder „voll" laufen, der leistungsschwächere Schüler bekommt dadurch seine Chance und ist motivierter. Welche Gruppe hat jetzt die meisten Punkte?

8

Methodische Differenzierung

Beispiel: Beim Treffen wenden
Differenzierung nach der Leistungsfähigkeit

Zwei Schüler starten gleichzeitig in entgegengesetzter Richtung auf einer bekannten und übersichtlichen Rundstrecke. Wenn sie sich treffen, kehren sie um und versuchen gleichzeitig wieder an der Startlinie anzukommen.

Hinweis: Hier läuft der leistungsstärkere Läufer schneller und weiter und der schwächere Schüler entsprechend seiner Leistungsfähigkeit langsamer und auch eine kürzere Strecke.

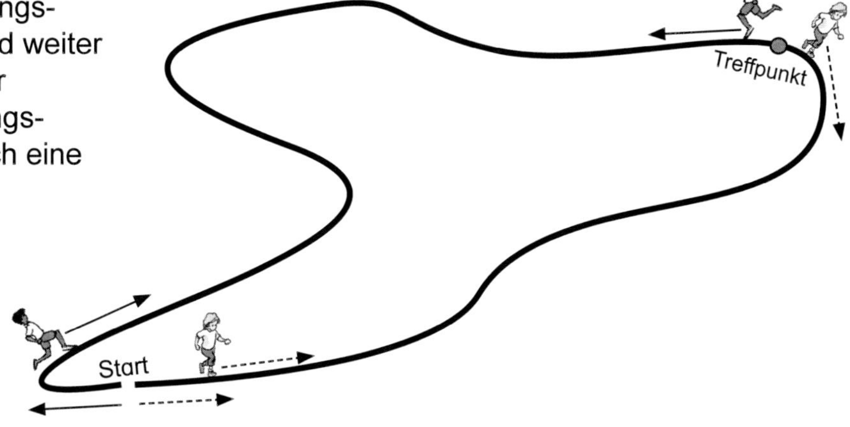

Beispiel: Weit werfen mit Weitenorientierer
Differenzierung nach der Leistungsfähigkeit

Das Geländer bildet den Weitenorientierer, der überworfen werden muss. Die Schüler beginnen an einem Abwurfpunkt, von dem sie leicht über die Markierung werfen können. Wer es schafft, versucht den nächsten Abwurfpunkt.

Differenzierung: Werfe zuerst mit dem 80 g schweren und später mit dem 200 g schweren Ball.

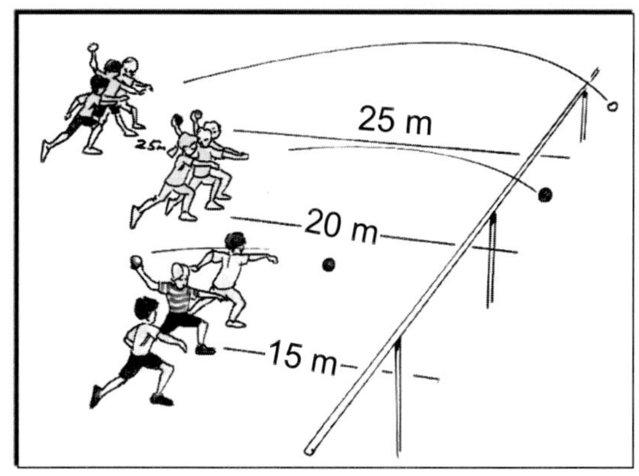

Beispiel: Kräftigung der Rücken- und Bauchmuskulatur
Differenzierung durch die Anzahl der Wiederholungen

a) **Rückentraining**: Oberkörper Absenken bis max. zur Senkrechten und wieder Aufrichten bis max. zur Waagerechten.

b) **Bauchtraining**: Oberkörper Absenken bis max. zur Waagerechten und wieder Aufrichten bis max. zur Senkrechten.

Hinweis: Manche Schüler schaffen die Übung 10-15mal ohne Pause, andere brauchen schon nach 5maliger Wiederholung eine Pause.

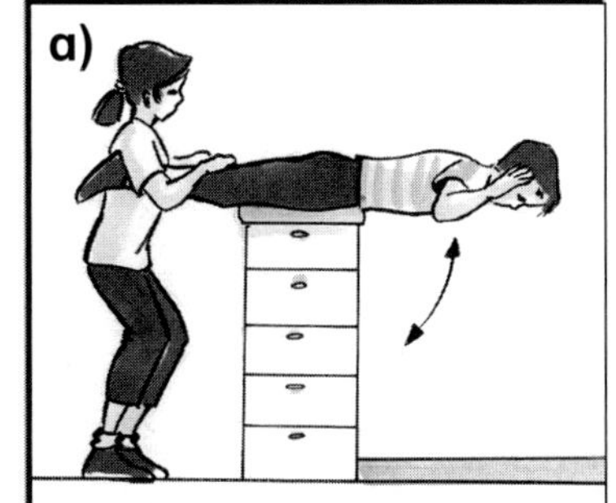

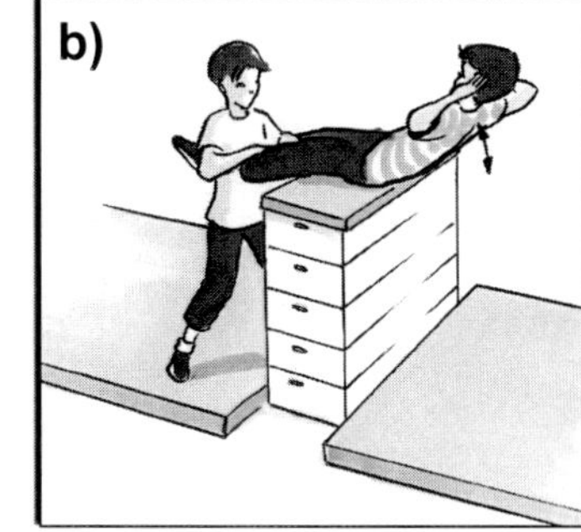

2. Differenzierung nach der <u>körperlichen Leistungsfähigkeit</u> und dabei unter einem mehr <u>qualitativen</u> Aspekt
<u>Merkmal</u>: Bestimmte Schüler besitzen die rein physischen Voraussetzungen zur Bewältigung einer Übung und andere nicht.

Beispiel: Klimmzüge am Reck
Differenzierung durch unterschiedliche Aufgaben und Anzahl der Wiederholungen

Aufgabe 1:
Vom kleinen Kasten in den Hang springen und einen Klimmzug ausführen, bis das Kinn sich über der Reckstange befindet. Anschließend wieder die Arme strecken und in die Ausgangsposition zurückkommen (wieder auf dem kleinen Kasten landen).

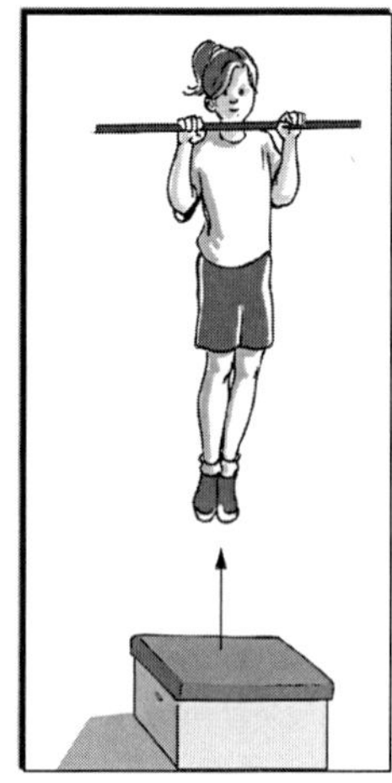

<u>Hinweis</u>: Sollte jemand den Klimmzug noch nicht schaffen, unterstützt ein Partner etwas durch Nachschieben an den Beinen/Füßen.

<u>Differenzierung</u>: Leistungsschwächere Schüler üben 3mal jeweils mit Absprung vom kleinen Kasten, leistungsstärkere üben 5-7mal mit einmaligem Absprung vom kleinen Kasten.

Aufgabe 2:
Vom kleinen Kasten in den Hang mit schulterbreit gefassten Händen springen. Mit gestrecktem Körper und geschlossenen Beinen bis zum anderen Reckpfosten hangeln.

<u>Differenzierung</u>: Leistungsschwächere Schüler üben nur 1mal den Weg bis zum anderen Reckpfosten, leistungsstärkere Schüler üben 1-2mal diesen Weg hin und zurück.

Aufgabe 3:
Im Streckhang Klimmzug bis das Kinn die Stange erreicht, Senken in den Streckhang mit anschließendem Durchhocken der Beine in den Sturzhang rücklings (hierbei sollten die Beine möglichst gestreckt werden); danach erfolgt die Rückbewegung der Beine in den Streckhang und die Übung beginnt von vorn.

<u>Differenzierung</u>: Leistungsschwächere Schüler üben 1mal, leistungsstärkere Schüler üben 2-3mal hin und zurück.

8 Methodische Differenzierung

3. Differenzierung nach der <u>motorischen Lernfähigkeit</u> und dabei unter einem mehr <u>quantitativen</u> Aspekt
<u>Merkmal</u>: Die Schüler unterscheiden sich in der Schnelligkeit und Leichtigkeit des Lernens.

Beispiel: Hocke über den Bock
Differenzierung durch unterschiedliche Aufgaben

Nachdem die Hocke vom Sportlehrer oder einem Mitschüler demonstriert wurde, führen manche Schüler die Hocke über den Bock mit Hilfeleistung sofort aus – „Lernen auf Anhieb“. (→ Aufgabe 1)

Aufgabe 1:

Laufe mit mehreren Schritten an und springe die Hocke über den Bock mit Hilfeleistung.

<u>Hinweis</u>: Anlaufen, kräftig vom Sprungbrett abspringen: „erst springen, dann stützen.“ Hocke erst dann an, wenn du dich mit den Händen vom Bock abdrückst. Lande weich und elastisch auf den Fußballen.

<u>Hilfeleistung</u>: Die Hilfeleistung steht in Schrittstellung am Bock und unterstützt hebend und ziehend mit beiden Händen an den Oberarmen. Die Hilfeleistung begleitet den Übenden bis in den sicheren Stand.

Andere Schüler benötigen Vorübungen sowie Erleichterungen und Bewegungshilfen, um Schritt für Schritt das Ziel zu erreichen.
(→ Aufgabe 2 → Aufgabe 3 → Aufgabe 1)

Aufgabe 2:

Hockstütz auf der Turnbank: Rutsche oder springe mit den Händen nach vorn und hocke mit den Beinen nach.

<u>Hinweis</u>: Führe diese Übung über die gesamte Länge der Turnbank aus. Gehe erst dann zur nächsten Station, wenn du eine kleine Flugphase vor dem Stütz der Hände ausführen kannst.

Aufgabe 3:

Bankgasse schulterbreit, die Turnbänke werden an einer Seite auf hochkant stehende kleine Kästen gehängt. Hocke über die in der Bankgasse gespannten Sprungseile. Springe dabei den vorgreifenden Händen nach: „erst springen, dann greifen, dann hocken.“

Methodische Differenzierung

4. Differenzierung nach der motorischen Lernfähigkeit und dabei unter einem mehr qualitativen Aspekt
Merkmal: Bestimmte Schüler bewältigen koordinativ schwierigere Übungen, erreichen einen höheren Beherrschungsgrad und zeigen eine bessere Ausführung als andere.

Beispiel: Kräftigen der Bauchmuskulatur in Partnerform
Differenzierung durch unterschiedliche Aufgaben

a) Aufrichten mit den Händen im Genick. Die Partnerin fixiert die Füße. Rollentausch vornehmen.

b) Aufrichten mit den Händen vor der Brust. Die Partnerin fixiert die Füße. Rollentausch vornehmen.

c) Aufrichten mit den Händen im Nacken verschränkt. Die Partnerin fixiert die Füße im Liegestütz vorlings (evtl. beugen und strecken der Arme). Rollentausch vornehmen.

d) Aufrichten mit einer Hand im Genick und die andere Hand nach vorn zur Partnerin führen. Die Partnerin fixiert die Füße mit einer Hand und führt die andere Hand zur entgegengestreckten Hand der Partnerin.

9 Grundformen der methodischen Differenzierung

konvergente Differenzierung – divergente Differenzierung

Die methodische Differenzierung erfolgt auf einer …

- konvergenten Ebene, wenn von verschiedenen Ausgangsniveaus herraus ein gemeinsames Ziel erreicht werden soll;
- divergenten Ebene, wenn man von einer annähernd gleichen Ausgangslage heraus verschieden weit vorankommen/fortschreiten kann.

Grundformen der methodischen Differenzierung

Konvergente Differenzierung (annähernd)	**Divergente Differenzierung** (auseinanderstrebend)
– … ist gekennzeichnet durch annähernd leistungshomogene Gruppen. – … geht von verschiedenen Ausgangsniveaus aus, die bereits vor Beginn der jeweiligen Unterrichtsstunde vorhanden waren. – Der ausgewählte Lehr-/Lernweg ist für die, in der Regel, anzahlmäßig große „Mittelgruppe“ gedacht. – Für die beiden anderen Gruppen, d. h. leistungsschwache und -starke Schüler sind „Sonderprogramme“ geplant.	– … ist dadurch gekennzeichnet, dass zu Beginn des Übens keine Gruppenbildung erfolgt. – … geht von einem gegebenen, relativ einheitlichen Ausgangsniveau aus. – Die Schüler beginnen mit einer Übung, die von allen beherrscht wird. – Im Verlauf der weiteren Übungsfolge kommen immer mehr Schüler an ihre Leistungsgrenze. Sie üben weiterhin die letzte oder auch nur die vorletzte Übung. – Die verbleibenden Schüler werden weiter entsprechend ihrer Möglichkeiten gefördert.

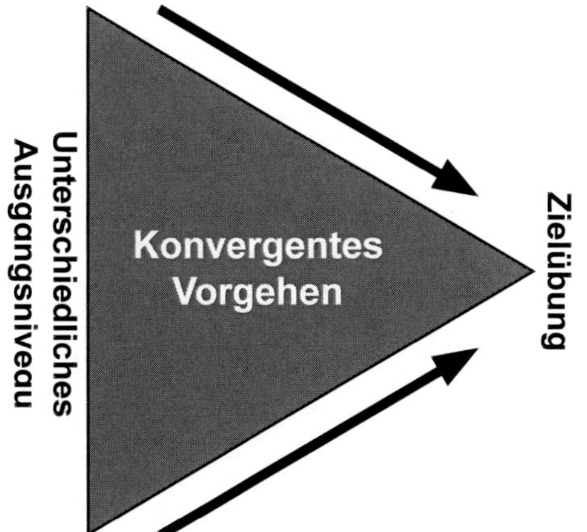

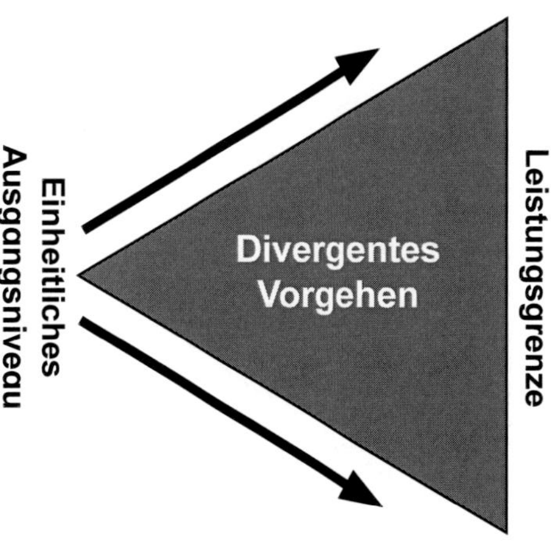

KOHL VERLAG Differenzierung im Sportunterricht / SEK Bewegungsaufgaben für alle Schüler – Bestell-Nr. 13 020

9 Grundformen der methodischen Differenzierung

9.1 Konvergente Differenzierung (Primärdifferenzierung)

Das besondere Anliegen der konvergenten Differenzierung besteht darin, möglichst alle Schüler in Bezug auf eine ganz bestimmte Zielsetzung zu fördern. Die konvergente Differenzierung wird in erster Linie beim Lernen und Üben sportlicher Bewegungsfertigkeiten eingesetzt, z. B. beim Lernen und Üben des Handstützüberschlages oder beim Lernen und Üben des Rückenkraulens. Aufgrund der unterschiedlichen motorischen Voraussetzungen und der unterschiedlichen motorischen Lernfähigkeit ergeben sich im praktischen Sportunterricht in der Regel drei Gruppierungen. Das folgende Schema veranschaulicht die drei Gruppierungen und Zielsetzungen.

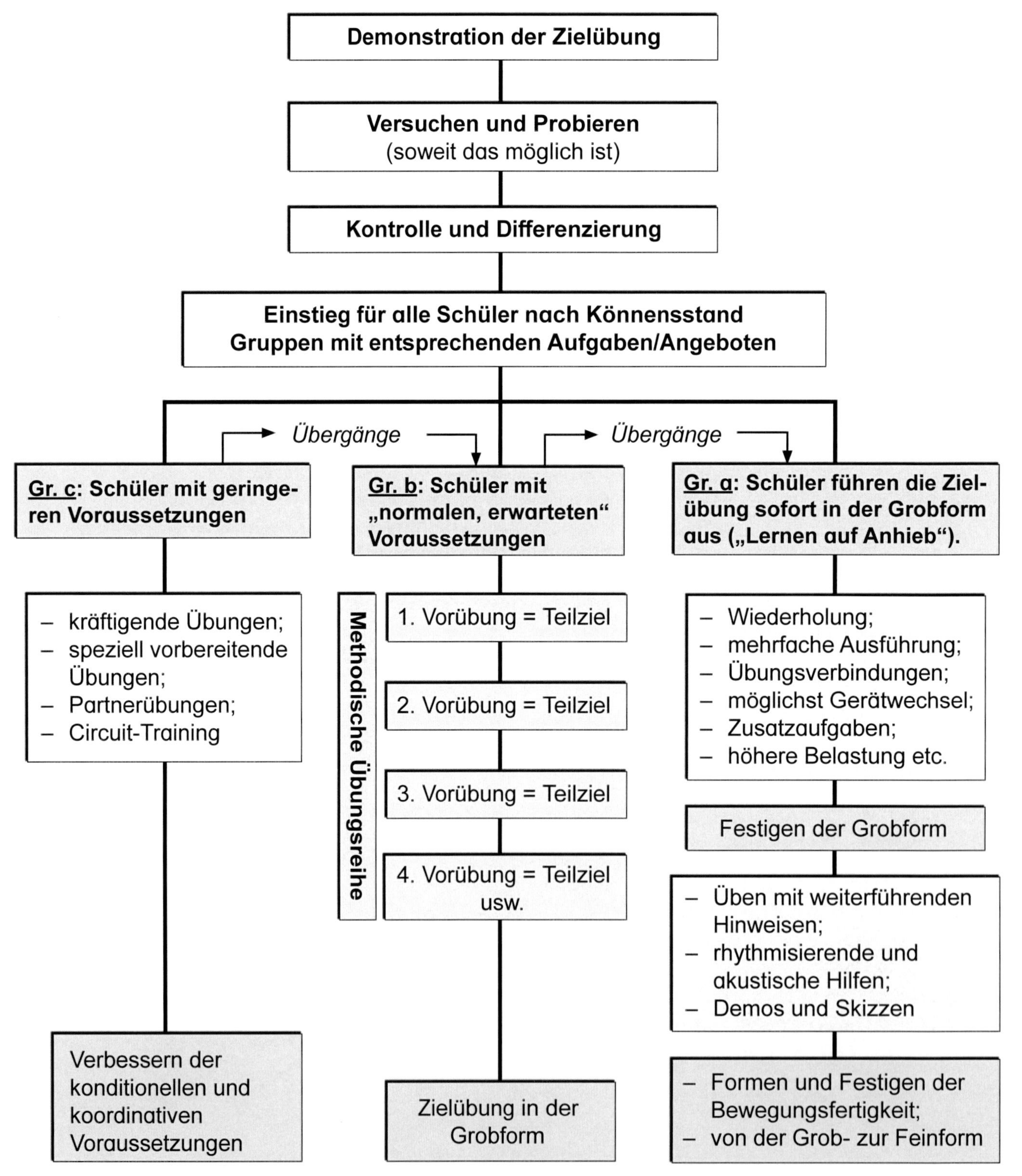

9 Grundformen der methodischen Differenzierung

Wie schon erwähnt und ersichtlich, gilt der normale Lehr- und Lernweg für die mittlere Gruppe (b) der Klasse.

Davon ausgehend resultieren dann die „Sonderprogramme“, d. h. Angebote für die leistungsstarken bzw. leistungsschwachen Schüler.

Es folgt die nähere Beschreibung der Ziele der einzelnen Gruppen.

Gruppe a: Einige Schüler lernen die neue Bewegungsfertigkeit „auf Anhieb“ oder können die Zielübung bereits.

Gruppe b: Ein großer Teil der Schüler erlernt die Zielübung über Vorübungen bzw. Zwischenschritte mithilfe einer ausgewählten methodischen Übungsreihe.

Gruppe c: Einige Schüler können die Zielübung aufgrund ihrer Voraussetzungen nicht erreichen und setzen ihre Schwerpunkte auf Teilziele oder das Schulen und Verbessern der Voraussetzungen.

Typische Methoden/Maßnahmen der konvergenten Differenzierung sind der Einsatz von Vorübungen, das Schaffen von erleichterten Bedingungen und der Einsatz von Gerät- und Bewegungshilfen.

Hinweise: Es besteht zwar für jede Gruppe eine bestimmte Zielsetzung, die Übergänge zwischen den einzelnen Gruppen sind aber fließend, d. h. wenn ein Schüler die Zielsetzungen seiner Gruppe erfüllt, ist ein sofortiger Einstieg in die nächsthöhere Gruppe möglich. (c → b → a)

Der Sportlehrer muss dementsprechend versuchen, den Könnensfortschritt innerhalb der Gruppen genau zu beobachten, um beim einzelnen Schüler einen eventuellen Übergang in die nächsthöhere Gruppe zu ermöglichen.

Die Gruppen a und b üben vorwiegend selbstständig und teilweise auch unter Mithilfe von Mitschülern. Der Gruppe c, d. h. den leistungsschwachen Schülern, kann sich der Sportlehrer damit verstärkt zuwenden. Durch Ansagen und Demonstrationen wird es möglich, die Klasse zwischendurch auch wieder zusammen zu holen und anzusprechen.

Die Abfolge der ausgewählten Übungen wird für jede Gruppe gesondert aufgelistet und zusätzlich durch Abbildungen veranschaulicht. So erkennt der Sportlehrer auf einen Blick das jeweilige Übungsangebot.

Differenzierung im Sportunterricht / SEK
Bewegungsaufgaben für alle Schüler – Bestell-Nr. 13 020

9 Grundformen der methodischen Differenzierung

Beispiel: Lernen und Üben des Handstütz-Überschlages
Differenzierung in drei Gruppen (= konvergente Differenzierung)

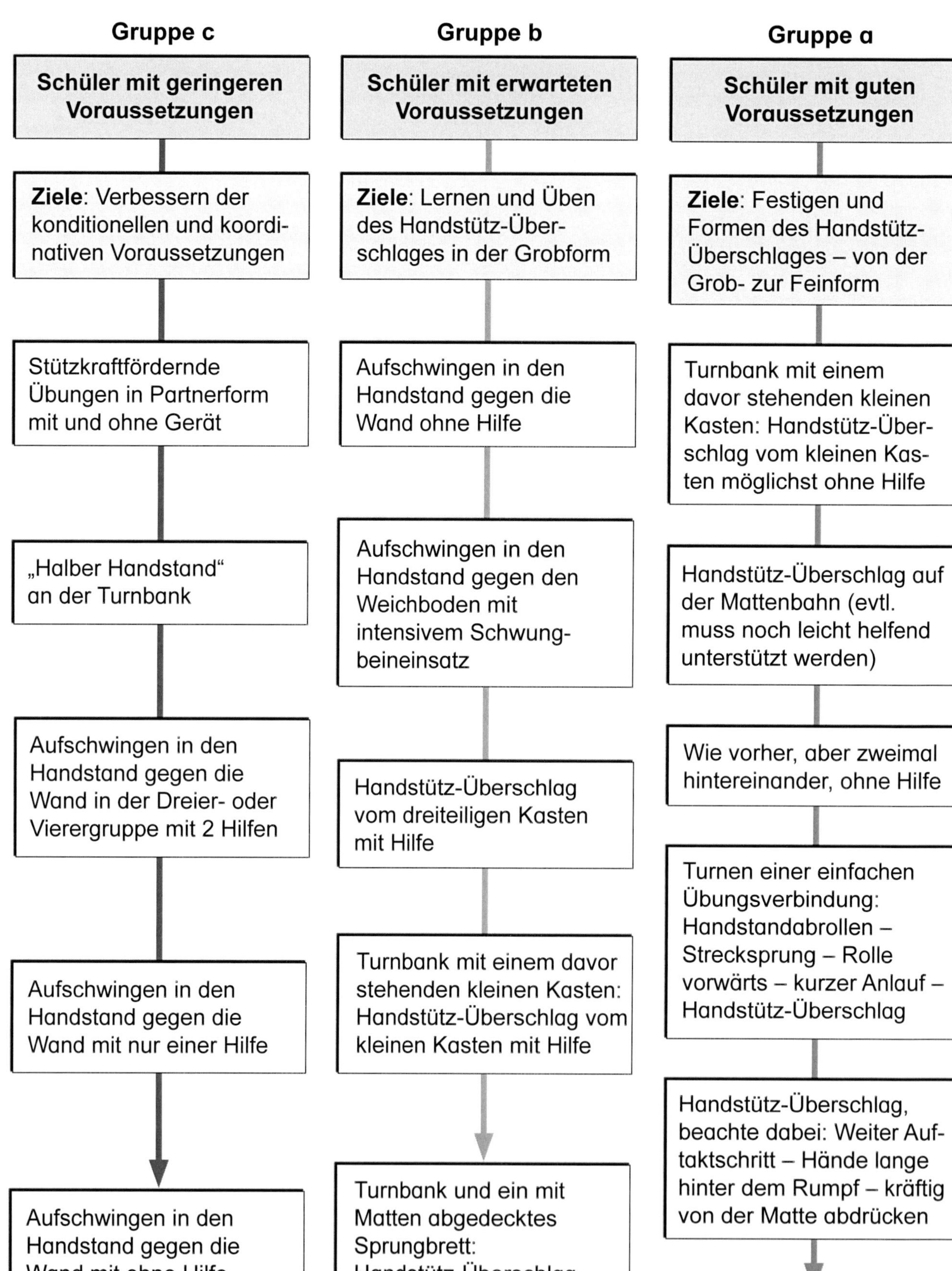

9 Grundformen der methodischen Differenzierung

Gruppe c: **Schüler mit geringeren Voraussetzungen/Vorerfahrungen**
Ziele: **Verbessern der konditionellen und koordinativen Voraussetzungen**

Übungen in Partnerform – eine Auswahl

Bei der Auswahl sind altersgemäße und motivierende Übungen wichtig!

- Beide Schüler sind im Liegestütz vorlings gegenüber und versuchen dem Partner auf die Hände zu klatschen. Es ist erlaubt, sich im Liegestütz nach allen Richtungen zu bewegen, um dem Schlag auszuweichen.
- Kniebeuge mit Handfassung überkreuz. Handwechsel vornehmen.
- Beide Partner stehen sich im leichten Grätschstand gegenüber: Anheben der Bank bis auf Kinnhöhe, anschließend Hochstemmen bis in die Armstreckung, 2-3 Sekunden halten, dann wieder auf Kinnhöhe zurück.
- Beide Schüler befinden sich im Liegestütz vorlings gegenüber: Handflächen mit angewinkeltem Handgelenk überkreuz aneinanderlegen.
- Aufrichten: dabei eine Hand im Nacken – die andere Hand nach oben vorn zum Partner führen. Partnerin im Liegestütz vorlings – eine Hand lösen und zur Hand der Partnerin führen. Rollentausch vornehmen.

Schrittstellung mit erhobenen Händen über Kopf an der Bank. Das vordere Bein ist leicht gebeugt, das hintere Bein fast gestreckt. Sich nach vorn neigen und die Hände auf die Bank setzen, das Schwungbein rückhoch schwingen und sich mit dem Standbein abdrücken – so dass ein „halber Handstand“ entsteht. Anschließend wieder in der Schrittstellung landen.

Aufschwingen in den Handstand in der Dreier- oder Vierergruppe. Ständiger Wechsel zwischen Übenden und Helfenden.
<u>Hinweise</u>: Auftaktschritt, gestreckte Arme und leichte Rücknahme des Kopfes. Die Helfer rechts und links greifen beim Aufschwingen an den Oberschenkel und sichern den Bewegungsablauf.

- Wer schafft die vorhergehende Übung mit nur einer Hilfe?
- Wer kann ohne Hilfe in den Handstand gegen die Wand aufschwingen?

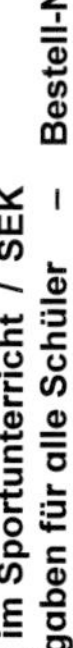

9 Grundformen der methodischen Differenzierung

Gruppe b: **Schüler mit erwarteten (normalen) Voraussetzungen**
Ziele: **Lernen und Üben des Handstütz-Überschlages in der Grobform**

Aufschwingen in den Handstand gegen die Wand ohne Hilfe

Aufschwingen in den Handstand, aber mit Bewusstmachen des vorhochschwingenden Auftaktbeines (Abdruckbein) und des aufschwingenden Schwungbeines (berührt zuerst den Weichboden).

Handstütz-Überschlag vom dreiteiligen Kasten mit Hilfe rechts und links

Turnbank mit einem davor stehenden kleinen Kasten:
Handstütz-Überschlag mit Stütz der Hände auf dem kleinen Kasten – anfangs mit Hilfe

und/oder

Turnbank und ein mit zwei Matten abgedecktes Sprungbrett (= schräge Ebene):
Handstütz-Überschlag mit Stütz der Hände auf der Matte

„Lass die Hände lange hinter dem Kopf und drücke mit den Armen lange nach.“
Die Landung erfolgt in überstreckter Haltung auf den Fußballen.

9 Grundformen der methodischen Differenzierung

Gruppe a: **Schüler mit guten Voraussetzungen/Vorerfahrungen**
Ziele: **Festigen und Formen des Handstütz-Überschlages – von der Grob- zur Feinform**

Turnbank mit einem davor stehenden kleinen Kasten:
Handstütz-Überschlag mit Stütz der Hände auf dem kleinen Kasten – möglichst ohne Hilfe

Handstützüberschlag auf der Mattenbahn (evtl. muss noch leicht helfend unterstützt werden)

Handstützüberschlag auf der Mattenbahn – nach der Landung einige Zwischenschritte ausführen und gleich noch einmal den Handstützüberschlag.

Turnen einer einfachen Übungsverbindung auf der Mattenbahn:
Handstandabrollen – Strecksprung – Rolle vorwärts – kurzer Anlauf – Handstützüberschlag

Turne den Handstütz-Überschlag unter Beachtung folgender Hinweise: Weiter Auftaktschritt – lass die Hände lange hinter dem Rumpf und drücke dich kräftig von der Matte ab.

Demonstration der Übung durch einzelne Schüler. Erläutern und Besprechen der einzelnen Phasen, danach erneutes Üben.

Differenzierung im Sportunterricht / SEK – Bestell-Nr. 13 020
Bewegungsaufgaben für alle Schüler

9 Grundformen der methodischen Differenzierung

Lernen und Üben des Rückenkraulens

Im Schwimmunterricht der Sekundarstufe sind häufig große Unterschiede festzustellen. Manche Schüler bringen gute Schwimmerfahrungen mit, andere dagegen haben häufig noch Probleme, sich in eine andere Schwimmlage zu begeben. Ein effektiver Schwimmunterricht sollte deshalb mit differenzierten Aufgabenstellungen durchgeführt werden, wobei natürlich immer die Bestimmungen für die Durchführung des Schwimmunterrichts beachtet werden müssen.

Siehe auch: Niedersächsisches Kultusministerium – Bestimmungen für den Schulsport, S. 478-479: 3. Sorgfalts- und Aufsichtspflicht in besonderen Bereichen; 3.1 Bewegungsfeld „Schwimmen, Tauchen, Wasserspringen“; 3.1.1 Aufsicht und Organisation

Beispiel: Lernen und Üben der Beinbewegung beim Rückenkraulen
Differenzierung in drei Gruppen (konvergente Differenzierung)

Gruppe a: **Schüler mit guten Voraussetzungen**
Ziele: **Lernen und Üben der Gesamtbewegung**

Übungen – eine mögliche Auswahl

Allgemeiner Hinweis:
Um den Schülern die Orientierung während des Rückenschwimmens zu erleichtern, weist der Sportlehrer auf Orientierungshilfen im Schwimmbecken hin, z. B. Einstiegsleiter an den Seiten, Deckenbeleuchtung, Leinen im Schwimmbecken, Außenfenster des Schwimmbades, Bänke an den Seiten des Schwimmbades usw.

Kraulbeinschlag in der Rückenlage mit Händen über Kopf
Abstoßen von der Beckenwand mit anschließendem Gleiten und Kraulbeinschlag.

Hinweise: Die Arme sind über Kopf und gestreckt, die Hände verschränkt, eine Hand fasst den Daumen der anderen Hand. Das Gesicht liegt über dem Wassers.

Übung wie vorher, aber:
Gleiten bis zum Erreichen einer vorher bestimmten Orientierung
(siehe allgemeiner Hinweis).

Armbewegung – Armzug
- Der Sportlehrer demonstriert den Armzug an Land und evtl. im Wasser.
- Alle Schüler führen die Armbewegung im Stehen an Land aus.
- Es folgt die Armbewegung im Stand im hüft- bis schulterhohen Wasser.
- Danach folgt die Armbewegung im Gehen im schulterhohen Wasser (siehe nächste Seite).

Grundformen der methodischen Differenzierung

Gehen rückwärts mit Armzug
Im hüft- bis schulterhohen Wasser gehen und versuchen, unter Einsatz der Arme und Hände sich spürbar rückwärts zu bewegen.

Hinweise: Auf gleichmäßigen Wechsel der Arme und das Fassen des Wassers achten.

Übung wie vorher, aber: **Jetzt gezielt auf einzelne Phasen achten**
Überwasserphase – „Wasser fassen“ – Zugphase – Druckphase

Hinweise: Die Hand mit dem kleinen Finger weit hinter dem Kopf eintauchen, danach die Hand leicht nach außen ziehen, den Ellenbogen beugen und die Hand neben dem Körper weiter ziehen und das Wasser nach vorn drücken.

Armzug am Beckenrand
Sich auf den Beckenrand legen, der Oberkörper ist im Wasser.
- Einen Arm weit nach hinten führen und die Hand mit kleinem Finger zuerst weit hinter dem Kopf eintauchen;
- dann die Hand leicht nach außen ziehen, den Ellenbogen beugen und die Hand neben dem Körper weiterziehen;
- Hand und Unterarm drücken das Wasser in Richtung Füße.

Hinweise: Bei der ungewohnten Körperlage benötigen manche Kinder Unterstützung. Der Partner außerhalb des Beckens fixiert die Füße des Übenden, um ein Wegrutschen zu verhindern. Manche können sich eine Pool-Nudel unter die Hüfte legen.

Differenzierung: Wenn der Schüler den Armzug am Beckenrand in der Grobform auszuführen kann, sind Übungen in der Schwimmlage möglich.

Armzug mit Nudel
Rückenlage, die Waden liegen auf der Schwimmnudel, den Armzug in gewohnter Weise ausführen.

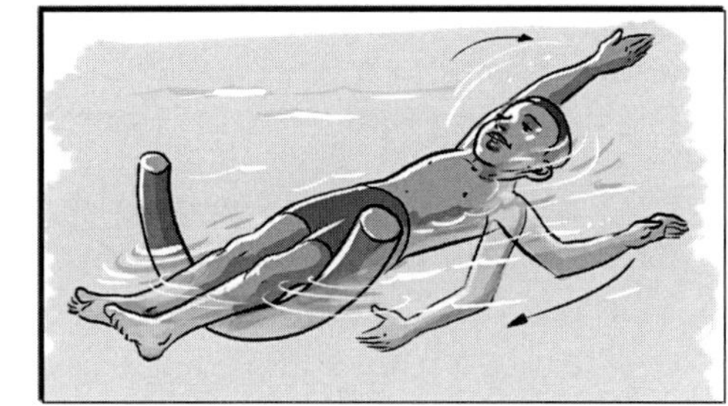

Hinweise: Evtl. begleitet ein Partner den Bewegungsablauf, indem er die Füße des Übenden festhält und mitgeht. Anschließend Rollentausch vornehmen.

Beinschlag und Armzug
Aus dem Stand im hüft- bis schulterhohen Wasser sich mit gestreckten Armen in die Rückenlage legen, den Beinschlag ausführen und danach die Armbewegung in gewohnter Weise hinzufügen.

Übung wie vorher, aber:
Diese Übung jetzt zu zweit. Kind A schwimmt, Kind B beobachtet den Armzug:
- Erfolgt der Armzug im rhythmischen Wechsel?
- Wie erfolgt das „Wasserfassen“?
- Sorgt der Armzug für genug Vortrieb?

Hinweis: Zwischendurch wird der Bewegungsablauf durch einen geeigneten Schüler demonstriert, dabei gibt der Sportlehrer wichtige Hinweise. Danach erfolgt wieder das Üben im Wasser.

Gruppe b: **Schüler mit erwarteten (normalen) Voraussetzungen**
Ziele: **Lernen und Üben des Kraulbeinschlages in der Rückenlage**

Übungen – eine mögliche Auswahl

Gleiten rückwärts mit Abstoßen von der Beckenwand
Festhalten am Beckenrand oder der Überlaufrinne, die Füße werden gegen die Wand gestemmt, sodass die Knie gebeugt sind und das Gesäß sich fast in Höhe der Füße befindet. Nun die Hände vom Beckenrand lösen und sich mit den Füßen kräftig von der Wand abstoßen.

Hinweise: Die Beine werden beim Abstoßen völlig gestreckt. Die Arme liegen eng am Körper. Der Kopf liegt auf dem Wasser mit Blickrichtung zur Decke. Diese Lage (Bauch und Becken an der Wasseroberfläche) so lange halten, bis kein Vortrieb mehr spürbar ist. Dann wie gewohnt das Aufstehen einleiten.

- Wie weit kommst du?
- Wie lange reicht der Schwung?

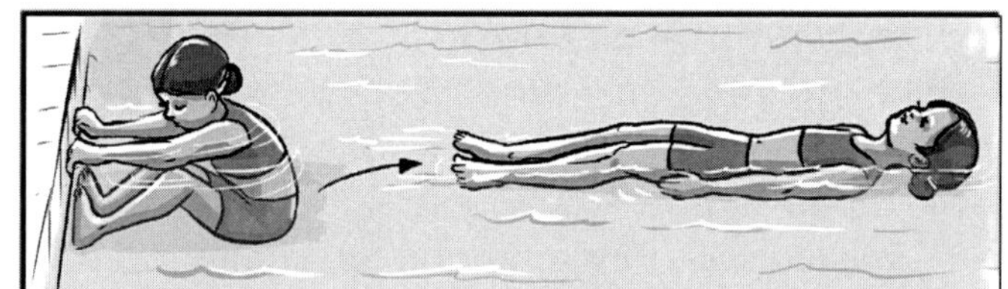

Abstoßen von der Beckenwand – Gleiten in der Rückenlage mit Händen über Kopf
Nach dem Lösen der Hände vom Beckenrand werden die Arme seitlich nach hinten geschwungen, sie führen so den Körper in die Streckung.

Hinweise: Der gesamte Körper taucht in leichter Hohlkreuzhaltung in das Wasser ein und geht in die Gleitphase über. Der Kopf liegt auf dem Wasser mit Blickrichtung zur Decke. Diese Übung einige Male wiederholen und dabei die gestreckte Körperlage beachten.

Kraulbeinschlag am Beckenrand
Sich am Beckenrand festhalten und in der gestreckten Körperlage den Kraulbeinschlag ausführen. Die Beine schlagen wechselweise peitschenartig aus den Hüft- und Kniegelenken auf- und abwärts.

Hinweise: Die Arme und der Körper sind gestreckt.

Übung wie vorher, aber:
Den Beinschlag kurz aussetzen (die Beine senken sich dabei ab), dann den Kraulbeinschlag wieder ausführen und den Auftrieb spüren.

9 Grundformen der methodischen Differenzierung

Kraulbeinschlag in der Rückenlage mit Schwimmbrett
Gleiten mit Kraulbeinschlag: Abstoßen von der Beckenwand mit anschließendem Gleiten und Kraulbeinschlag mit Einsatz eines Schwimmbrettes.

Hinweise: Einen Fuß an die Wand setzen, in die Knie gehen, Kopf und Arme mit dem Schwimmbrett auf das Wasser legen. Sobald die Ohren im Wasser sind, sich kräftig von der Wand abstoßen. Der Beinschlag setzt erst dann ein, wenn das Gleiten abklingt.

Gruppe c: Schüler mit geringeren Voraussetzungen/Vorerfahrungen
Ziele: Lernen und Üben der Streckschwebe/des Gleitens in der Rückenlage

Übungen – eine mögliche Auswahl

Streckschwebe in der Rückenlage
Im hüft- bis brusthohen Wasser: Grätschstand mit Armen in der Seithochhalte, sich behutsam in die Rückenlage begeben und schwebend wie ein Seestern auf das Wasser legen. Der Kopf liegt auf dem Wasser, der Blick geht zur Decke, die gestreckten Arme und Beine balancieren den Körper aus.
Aufstehen aus der Rückenlage: Die Arme unterstützen durch Bewegen im Wasser das Aufrichten des Oberkörpers und das Anhocken der Beine.

Wechsel zwischen Streckschwebe in Bauch- und Rückenlage
Dabei ...
- die Beine grätschen und wieder schließen;
- die Knie beide gleichzeitig anhocken oder im Wechsel anhocken;
- alle Übungen zu zweit nebeneinander oder gegenüber ausführen;
- Schweben in der Rückenlage und Aufstehen wie gewohnt; anschließend sofort Schweben in der Bauchlage und danach Aufstehen wie gewohnt.

Passives Gleiten
Ausgehend von der bekannten Streckschwebe bietet sich folgende Übung an: Sich in die Rückenlage auf das Wasser begeben. Der Partner zieht den Übenden an den Schultern langsam in Richtung des Kopfes durch das Wasser.

Gleiten mit Schwimmbrett
Mit nach hinten gestreckten Armen und gehaltenem Schwimmbrett in Rückenlage auf das Wasser legen.
Der Partner fasst das Schwimmbrett und zieht den Übenden langsam in Richtung des Kopfes durch das Wasser.

Hinweise: Der Schwimmschüler liegt mit gestrecktem Körper an der Wasseroberfläche. Die Arme sind zusammen und gestreckt. Der Kopf des Schwimmschülers liegt mit den Ohren zwischen den Armen, der Blick ist nach oben gerichtet. Übungen mit dem Schwimmbrett geben dem Schwimmschüler Sicherheit.

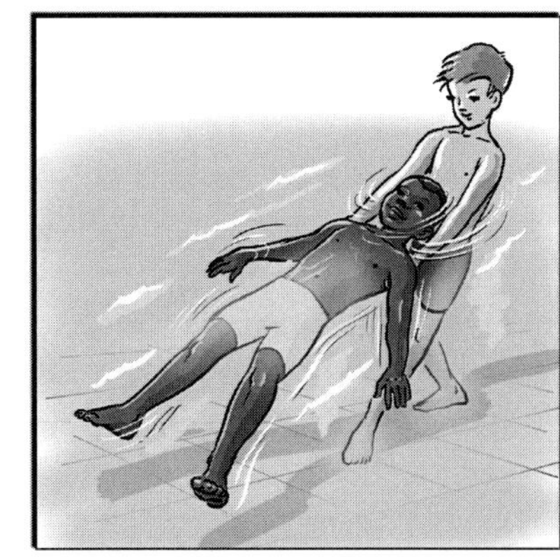

9.2 Divergente Differenzierung (Sekundärdifferenzierung)

Das besondere Anliegen der divergenten Differenzierung besteht darin, im Rahmen eines vorgegebenen Themas oder Stoffgebietes die Leistungsmöglichkeiten aller Schüler möglichst weit auszuschöpfen.[1]

Dabei geht die divergente Differenzierung von einem relativ einheitlichen Ausgangsniveau aus. Im Verlaufe des Lern- und Übungsprozesses entwickelt sich eine Auffächerung des Klassenverbandes, um jeden einzelnen Schüler individuell möglichst weit zu fördern.
Die divergente Differenzierung erfordert vom Sportlehrer gute Fachkenntnisse und improvisatorisches Geschick.

Im praktischen Sportunterricht sieht das dann meist wie folgt aus:

- Alle Jungen und Mädchen beginnen mit einer Übung (Vorübung), die alle beherrschen und ausführen können.
- Der Sportlehrer muss also immer eine Einstiegsübung auswählen, die auch von den leistungsschwächeren Schülern nach einigen Versuchen ausgeführt werden kann. Durch das Gelingen der ersten Übung hat der einzelne Schüler sofort ein Erfolgserlebnis, das sich wiederum positiv auf den weiteren Lern- und Übungsprozess auswirkt.
- Mit ansteigendem Schwierigkeitsgrad der Übungsfolge erreichen immer mehr Schüler ihre Leistungsgrenze.
- Erreicht jemand seine Leistungsgrenze, so wird der Sportlehrer versuchen, durch entsprechende Hilfen wie Korrekturen, Bewegungshilfen, Demonstrationen etc. die Schwierigkeiten zu beheben.

In den meisten Fällen ergibt sich dabei folgende Verfahrensweise:

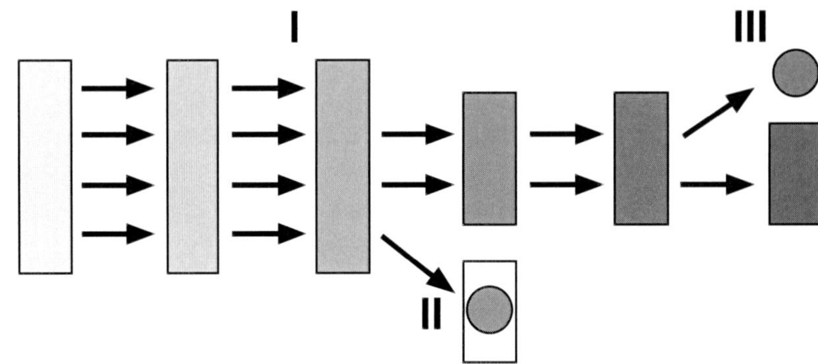

I	Die Schüler üben die letzte erreichte Übung oder auch vorangegangene Übungen weiter.
II	Die Schüler bilden eine Gruppe, die unter erleichterten Bedingungen (soweit möglich) übt.
III	Die verbleibenden (guten) Schüler werden weiter entsprechend ihrer Möglichkeiten gefördert.

Das Kennzeichen der divergenten Differenzierung besteht darin, dass zu Beginn des Lernens und Übens keine Gruppenbildung erfolgt, sondern mit einer einfachen Übung begonnen wird, die von allen Schülern ausgeführt werden kann.

[1] Söll, W.: Differenzierung im Sportunterricht, zweiter Teilband, S. 229

9 Grundformen der methodischen Differenzierung

Beispiel: Kräftigung der Bauchmuskulatur mit dem Partner
Differenzierung durch Auffächerung (divergente Differenzierung)

Das folgende Beispiel mit 4 Partnerübungen macht das Prinzip der divergenten Differenzierung deutlich. Die Übungen a und b werden die meisten Schüler noch ausführen können. Bei der Übung c erreichen viele Schüler ihre Leistungsgrenze. Die Übung d wird dann nur noch von einigen besonders leistungsstarken Schülern ausgeführt.

<u>**Einstiegsübung**</u>

Aufrichten aus der Rückenlage

Schüler A ist in Rückenlage (Hände neben den Ohren) auf einer Matte, die Unterschenkel liegen auf der Sitzfläche der Bank, Partner B hält die Füße fest:
Aufrichten des Oberkörpers, bis ca. 45 Grad erreicht sind (halbe Höhe = Schräge). Anschließend wieder langsam in die Ausgangsstellung absenken.
Wechsel und Rollentausch vornehmen.

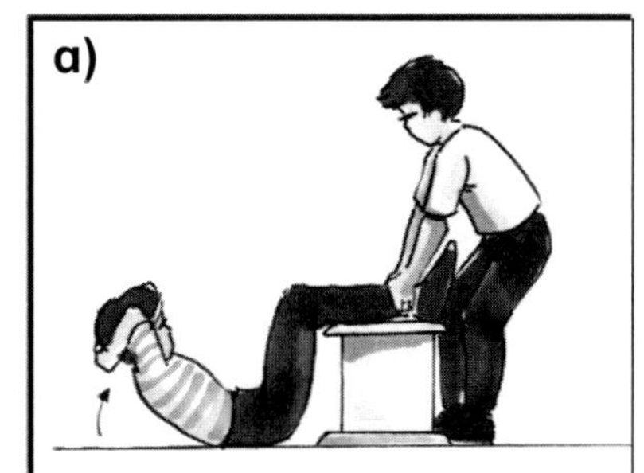
a)

Aufrichten aus dem Sitz

Schüler A sitzt auf der Turnbank, die Füße sind hüftbreit aufgestellt und haben vollen Bodenkontakt. Die Hände werden um den Nacken gelegt. B sitzt oder kniet davor und hält die Füße von A fest. A legt nun den Oberkörper gestreckt etwas nach hinten (Kopf normal – kein Hohlkreuz), bleibt einen Moment in dieser Position und richtet sich dann wieder in die Ausgangsstellung auf.
Wechsel und Rollentausch vornehmen.

b)

Ball kreisen lassen

Zu zweit im Sitz gegenüber, die Hände stützen jeweils seitlich ab: Jeder Übende hält zwischen den Füßen einen Medizinball. Den eigenen Medizinball um den Ball des Partners kreisen lassen.

c)

Aufrichten mit Ball

Hocksitz mit leicht geöffneten Knien gegenüber. Die Füße werden gegenseitig unter die Oberschenkel des Partners geschoben.
Beide Schüler halten den Medizinball mit den Händen über dem Kopf.
Nun gemeinsam langsames Absenken des Rumpfes in die Rückenlage mit Bodenkontakt und anschließend wieder aufrichten in die Ausgangslage.

d)

Differenzierung im Sportunterricht / SEK – Bestell-Nr. 13 020
Bewegungsaufgaben für alle Schüler

9 Grundformen der methodischen Differenzierung

Beispiel: Liegestütz vorlings mit Beugen und Strecken der Arme
Differenzierung durch Auffächerung (divergente Differenzierung)

Übungen mit dem bekannten „Liegestütz“ machen das Prinzip der divergenten Differenzierung auch sehr deutlich. Die Übungen a, b und c werden die meisten Schüler noch ausführen können. Bei der Übung d erreichen manche Schüler ihre Leistungsgrenze. Die Übungen e und f werden dann nur von besonders leistungsstarken Schülern ausgeführt.

__Einstiegsübung__
Knieliegestütz vorlings
Beugen und Strecken der Arme

Liegestütz vorlings
Beugen und Strecken der Arme

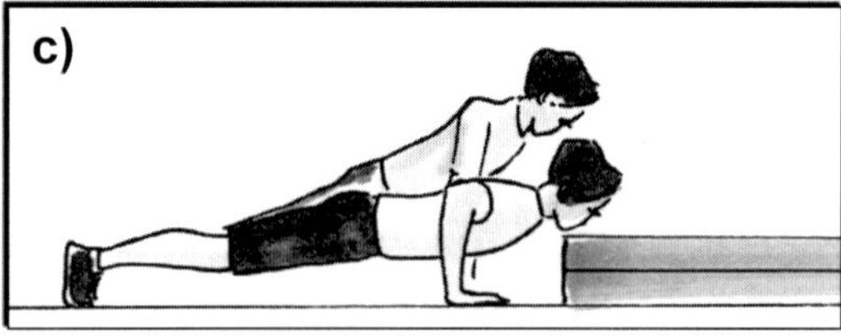

Liegestütz vorlings
Beugen der Arme bis das Kinn die doppelte Mattenlage berührt.
Dann erfolgt das Strecken der Arme.

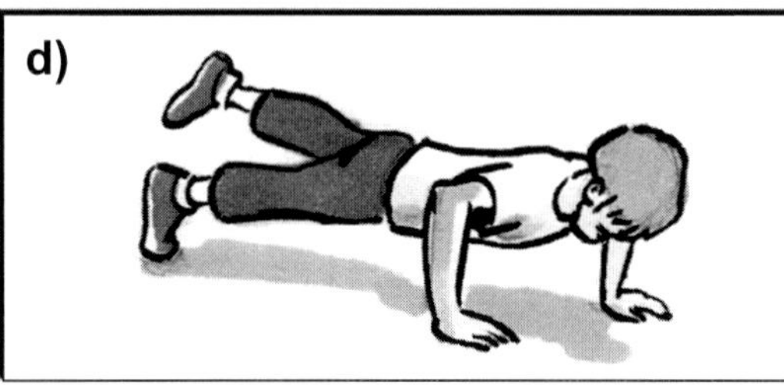

Liegestütz vorlings
Beugen und Strecken der Arme mit Anheben eines Beines

Liegestütz vorlings mit Füßen auf der Turnbank
Beugen der Arme bis das Kinn die Matte berührt.
Dann erfolgt das Strecken der Arme.

Liegestütz vorlings und rücklings
Drehe dich in den Liegestütz rücklings – dann Beugen und Strecken der Arme; drehe dich in den Liegestütz vorlings – dann Beugen und Strecken der Arme usw.

9 Grundformen der methodischen Differenzierung

Lernen und Üben der Hocke über den Bock, T-Bock und großen Kasten
Differenzierung durch Auffächerung (divergente Differenzierung)

Vorüberlegung

Einen Bock, T-Bock oder sogar den langen Kasten mit einer Hocke zu überspringen ist eine Bewegungsfertigkeit, die bei den Schülern der Sekundarstufe in der Regel gut ankommt. Eine gut durchdachte methodische Übungsreihe und transparente Lernschritte bzw. Differenzierungsmaßnahmen sorgen dafür, dass viele Schüler Lernfortschritte machen und zu Erfolgserlebnissen kommen.

<u>Aufbauskizze</u>

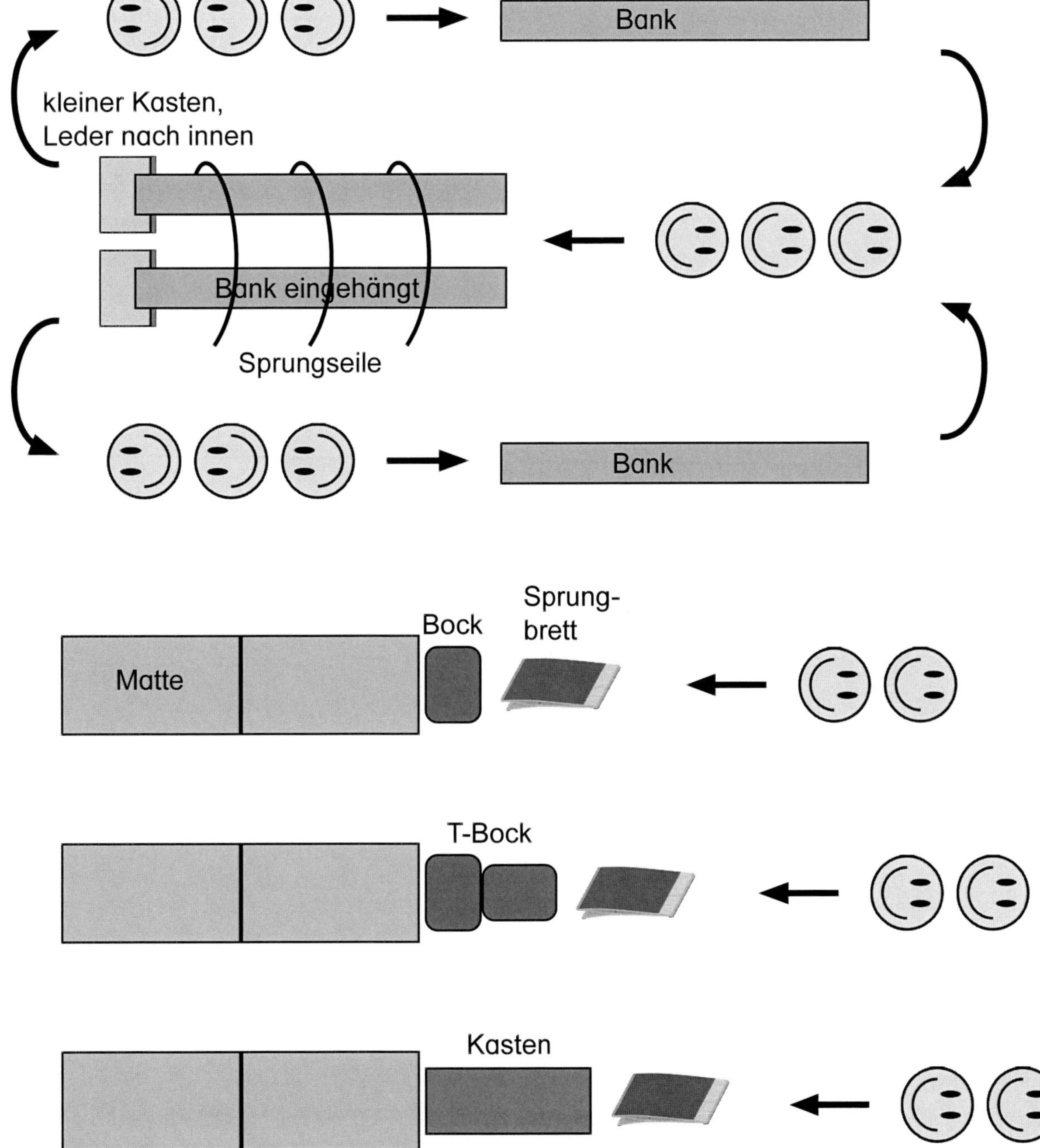

Differenzierung im Sportunterricht / SEK – Bestell-Nr. 13 020
Bewegungsaufgaben für alle Schüler
KOHL VERLAG

9 Grundformen der methodischen Differenzierung

Es wird mit einer leichten Übung begonnen, die von allen Schülern ausgeführt werden kann. Danach wird es kleinschrittig etwas schwieriger, sodass immer mehr Schüler ihre Leistungsgrenze erreichen.

<u>Einstiegsübung</u>
Vorbereitende Übungen am Boden

Alle Schüler suchen sich einen freien Platz.
Im Hockstütz: Vorgreifen (evtl. auch Vorrutschen) der Hände mit anschließendem Nachhocken der Beine. Führe diese Übung mehrere Male in rhythmischer Folge aus.

<u>Differenzierung</u>: Erst dann zur Turnbank gehen, wenn diese einfache Übung am Boden mehrere Male einwandfrei ausgeführt wurde.

Vorgreifen und Nachhocken an der Turnbank

Die Schüler stellen sich an den beiden Turnbänken auf – siehe Skizze.
Im Hockstütz: Vorgreifen (Vorrutschen) der Hände mit anschließendem Nachhocken der Beine.

<u>Hinweis</u>: Darauf achten, dass die Knie zusammen bleiben (enge Hockhaltung).

<u>Differenzierung</u>: Nur wer diese Übung mehrere Male über die gesamte Länge der Bank ausgeführt hat, geht zur nächsten Übung (Flugphase).

<u>Übung wie vorher, aber</u>:
Vorgreifen nun mit Flugphase an der Turnbank

Jetzt versuchen, eine kleine Flugphase vor dem Stütz der Hände einzufügen:
„Erst abspringen, dann stützen und nachhocken."

<u>Differenzierung</u>:
Nur wer diese Übung mehrmals ohne Unsicherheit und ohne Zögern ausgeführt hat, geht zur schrägen Bankgasse.

9 Grundformen der methodischen Differenzierung

Hocke in der Bankgasse

Bankgasse schulterbreit, die Turnbänke werden an einer Seite auf hochkant stehende kleine Kästen gehängt.

Aufgabe: Kurzer Anlauf, beidbeiniger Absprung und Hocken über die in der Bankgasse gespannten Sprungseile.

Hinweise: Dabei den nach vorn greifenden Händen nachspringen: „Erst springen, dann greifen, dann hocken.“

Mehrere Durchgänge ausführen.

Differenzierung: Es gehen nur die Schüler zum Bock, die das Hocken an der Bankgasse korrekt ausgeführt haben; alle anderen üben an der Bankgasse weiter, wobei der Sportlehrer helfende Korrekturen gibt.

Hocke über den Bock

Bock ca. 130-140 cm hoch und quer aufgestellt mit Sprungbrett davor.

Aufgabe: Anlaufen, kräftig vom Sprungbrett abspringen, dann vorn auf dem Bock aufstützen. Erst dann hocken, wenn man sich vom Bock mit den Händen abdrückt. Weich und elastisch auf den Fußballen landen.

Immer wieder üben, bis der Ablauf sicher wird.

Hinweise: Zunächst wird der Sportlehrer die Hilfeleistung oder Sicherheitsstellung selbst geben, im Verlaufe des Lern- und Übungsprozesses werden dann geeignete Schüler eingesetzt. Die Hilfeleistung steht unmittelbar am Bock in Schrittstellung und unterstützt hebend und ziehend mit beiden Händen an den Oberarmen.

Übung wie vorher, aber:

Hocke über den Bock jetzt mit erweitertem Sprungbrettabstand

Hinweis: Die Hilfeleistung übernimmt der Sportlehrer zunächst wieder selbst, um sie dann recht schnell geeigneten Schülern zu übertragen, weil er selbst zum Doppelbock geht.

Differenzierung: Wer die Hocke über den Bock mehrmals sicher ausgeführt hat, geht zum Doppelbock (T-Bock).

Differenzierung im Sportunterricht / SEK – Bestell-Nr. 13 020
Bewegungsaufgaben für alle Schüler
KOHL VERLAG

9 Grundformen der methodischen Differenzierung

Hocke über den T-Bock

Diese Übung wird in der Regel nur von leistungsstärkeren Schülern versucht und ausgeführt. Voraussetzung ist die Hocke über den Bock ohne Hilfeleistung (nur Sicherheitsstellung).

Der große Bock wird quer vor der Matte aufgestellt und sollte 130-140 cm hoch sein. Der kleine Bock wird längs vor dem großen Bock aufgestellt und sollte 90-100 cm hoch sein. Das Sprungbrett muss ausreichenden Abstand zum kleinen Bock haben.

Aufgabe: Laufe schnell an, springe kräftig vom Sprungbrett ab und springe die Hocke über den Doppelbock (T-Bock). Versuche, weit und hoch einzuspringen, sodass sich deine ***Hände auf dem höheren Bock*** abstützen können.

Auch hier gilt: „Erst springen, dann stützen". Hocke erst dann an, wenn du dich mit den Händen vom zweiten Bock abdrückst. Lande weich und elastisch auf den Fußballen.

Hinweise: Hierbei ist das „Üben im Strom" besonders wichtig, d. h. der nächste Schüler läuft an, wenn der Übende vor ihm vom Sprungbrett abspringt (Rhythmus aufnehmen).

Dieses „**Rhythmus aufnehmen**" hat sich gerade für die Schüler bewährt, die noch etwas zaghaft an die Übung herangehen. Die Hilfeleistung übernimmt der Sportlehrer zunächst wieder selbst, um sie dann geeigneten Schülern zu übertragen, weil er selbst zum langen Kasten geht.

Differenzierung: Nur wer die Hocke über den Doppelbock mehrmals ohne Hilfe geschafft hat und den Bewegungsablauf sicher beherrscht, geht zum langen Kasten. Diese Entscheidung trifft in der Regel der Sportlehrer!

Hocke über den langen Kasten

Manchmal hat es sich bewährt, anfangs auf das erste Sprungbrett ein zweites Sprungbrett zu legen. Dadurch wird die Höhe des Kastens etwas verringert und die Hocke erleichtert bzw. mehr unterstützt.

Literatur

- Frölich, R.: Binnendifferenzierung, St. Franziskus-Gymnasium und Realschule, Kaiserlautern, 15.03.2012
- Handreichung: Schulsport in Thüringen vom Institut für Lehrerbildung, Lehrplanentwicklung und Medien – Differenzierung 2011
- Heymen, N./Leue, W.: Planung von Sportunterricht, Schneider Verlag Hohengehren 2008
- Lütgeharm, R.: Grundschule – Differenzierung im Sportunterricht, Kohl-Verlag 2024
- Lütgeharm, R.: Sport in drei Niveaustufen, Kohl-Verlag 2016
- Lütgeharm, R.: Fitnessstudio im Sportunterricht, Kohl-Verlag 2018
- Meinel, K./Schnabel, G.: Bewegungslehre – Sportmotorik, Südwest Verlag 2004
- Schaller, H.-J.: Sport lernen mit Lehrprogrammen, Hans Putty Verlag 1987
- Schaller, H.-J.: Programmiertes Lernen im Sport, Hans Putty Verlag 1981
- Söll, W.: Differenzierung im Sportunterricht, Zweiter Teilband, Verlag Karl Hofmann 1979
- Söll, W.: Differenzierung im Sportunterricht, Erster Teilband, Verlag Karl Hofmann 1973
- Staatliches Studienseminar für das Lehramt an Grund- und Hauptschulen Kusel – Februar 2011 – Das Unterrichtsprinzip Differenzierung

Andreas von Hoff

Boomwhackers – How to start!

Ohne großen Vorbereitungsaufwand sofort mit der ganzen Klasse musizieren! In einfachen Lernschritten werden die Schüler vom gleichmäßigen Zusammenspiel zum rhythmisch-melodischen Ensemble geführt. Erlernt und vertieft werden Viertel- und Achtelnotenwerte im 4/4 Takt sowie einfache Songstrukturen von beliebiger Länge. ***Die Umsetzung der Rhythmusvorgaben ist kinderleicht!***

Klasse 5 6 7 8 9 10 11-13

FARBIG

1	Ganz einfache Einstiege	10 804	*je 44 Seiten*
2	Melodie und Harmonie	10 811	ab 21,49 €

Andreas von Hoff

Boomwhacker-Begleitarrangements

Einfache und sofort umsetzbare Arrangements. Mit einer Begleit-CD, Hörbeispielen und Begleitarrangements.

Band 1: Begrüßung International; Happy Birthday; Hello Good Morning; Mathilda, Die Schnecke; Viel Glück und viel Segen; Another Brick In The Wall

Band 2: Die Affen rasen durch den Wald; Wenn der Sommer kommt; Wie Eis in der Sonne; Wir machen Pa-Pa-Pa

Band 3: Oh, when the Saints; feliz navidad; jingle bells; We Wish You a Merry Christmas

Klasse 5 6 7 8 9 10 11-13

FARBIG

48 S.	Band 1	10 816	ab 17,49 €
56 S.	Band 2	10 829	ab 15,99 €
32 S.	Band 3	10 856	ab 17,49 €

Sabine Bundle

Bühnenstarke Boomwhacker-Projekte

Einfache Spielstücke kreativ umgesetzt

Die Aufführung steht an, die bunten Röhren warten auf ihren Einsatz. Mit den Spielstücken wird die Bühne gerockt. Einfache Anleitungen und Ideen zur Umsetzung machen es auch fachfremd Unterrichtenden möglich, die Schüler zu motivieren. Mit ausführlichen Anleitungen, Spielkarten für jede Stimme, Umsetzungsideen & -tipps.

FARBIG | *32 Seiten* | 12 199 | ab 17,49 €

Andreas von Hoff

Boomwhackers - Spiele

Sie brauchen kreative Anregungen zum Einsatz der Boomwhack… Andreas von Hoff hat an über 100 Schulen mit mehr als 12.000 Sc… lern gearbeitet. Aus den dabei gewonnenen Erfahrungen entstand… diese Bände mit sechzehn abwechslungsreichen und motivierend… Boomwhackers-Klassenspielen, die ohne großen Aufwand in die Pra… umzusetzen sind. Die Hälfte dieser Spiele lässt sich auch gut bei A… führungen einsetzen!

24 S.	1	Spiele	10 840	ab 10,99 €
32 S.	2	Noch mehr Spiele	10 946	ab 10,99 €

Alle Stufen

Jo van Bosch

Boomwhackers ... für kleine Gruppen

Wenige Boomwhackersets genügen schon, um die dreistimmigen, einfa… umzusetzenden Arrangements im Unterricht/bei Schulaufführungen umzus… zen. Auch für fachfremd Unterrichtende geeignet!

FARBIG | *36 Seiten* | 11 831 | ab 15,99 €

Andreas von Hoff

Noten lernen mit Boomwhackers

Ein ganz leichter Grundkurs für alle

Noten lernen kann richtig Spaß machen: mit Boomwhackers! Dieser Ba… beschäftigt sich handlungsorientiert mit Vierteln und Achteln und fordert z… Experimentieren auf. Mithilfe des Zusatzmaterials zum Download lassen s… auch eigene Varianten erstellen.

FARBIG | *32 Seiten* | 10 892 | ab 16,49 €

Alle Stufen

Jürgen Tille-Koch

Boomwhacker-Begleitarrangements

Die Arrangements sind einfach gehalten, das Konzept orientiert sich an … instrumentalen Ausstattung Ihrer Schule. Die notierten Boomwhacker-/Cajo… stimmen können wie alle anderen Notierungen sowohl vom trad. Instrume… tarium (z.B. Percussions, Klavier, etc.) oder von aktuellen Instrumenten (z… Schlagzeug, E-Gitarre, Keyboard, etc.) übernommen werden.

FARBIG | *40 Seiten* | 11 352 | ab 17,49 €

Alle Stufen

Rudi Lütgeharm

Trendsport Outdoor Fitness

Die Natur wird zum Sportplatz. Es werden natürliche Gegebenheiten für den Sportunterricht und das Fitnesstraining genutzt. Der Sportlehrer muss die situativen Bedingungen und die sich daraus ergebenden Übungsmöglichkeiten zunächst erkennen und dann entsprechende Übungen für seine Schüler anbieten. Im Freien lassen sich das Lauf- und Krafttraining gut kombinieren.

64 S. | 12 346 | ab 14,49 €

Rudi Lütgeharm

Kraft & Koordination

durch Partner- & Gruppenübungen

Im Mittelpunkt steht das Schulen der Grundtätigkeiten und das Verbessern der konditionellen und koordinativen Fähigkeiten. Aus der Vielzahl möglicher Übungen wird hier eine Auswahl angeboten, die unter Einsatz von Geräten wie Taue, Bälle, Kastenteile, Stäbe, Turnbänke, Matten, Weichböden und Alltagsgeräte besonders motivierend auf Kinder und Jugendliche wirken. Partner- und Gruppenübungen sind auch in heterogenen Klassen/Gruppen ohne viel Aufwand sofort umsetzbar.

48 Seiten | 12 716 | ab 13,49 €

Rudi Lütgeharm

Fitnessstudio im Sportunterricht

Krafttraining in Einzel-, Partner- und Gruppenübungen

Wir holen das Fitnessstudio in die ganz normale Sporthalle. Auch im regulären Unterricht ist es möglich, ähnliche Angebote wie im Fitnessstudio zu bieten. Funktionelle Übungen zu Muskeltraining, Ausdauer und Häufigkeit, Beweglichkeit und Kräftigung werden erklärt. Vorschläge zum individuellen Krafttraining durch Differenzierung und ausführliche Beschreibungen zu allen Übungen gewährleisten einen modernen und inhaltlich neu ausgerichteten Sportunterricht.

112 Seiten | 12 200 | ab 18,99 €

Alle Stufen

Friedhelm Heitmann

Allgemeinwissen fördern SPORT

Grundkenntnisse in kleinen Portionen

Sport wird unter diversen Gesichtspunkten betrachtet. Zunäc… wird die historische Entwicklung des Sports dargestellt. Zu … vielen Inhalten des Bandes gehören Themen wie die Olympisch… Spiele, Mädchen und Frauen im Sport, Breiten- sowie Leistung… sport, Sport und Gesellschaft ... Der Band umfasst auch Them… wie Training im Sport, Sportmedizin, Ernährung. Hinzu komm… Vorlagen zur Darstellung des eigenen Sport-Profils, des Sport-Id… eines Sportvereins.

72 Seiten | 12 343 | ab 14,99 €

Alle Stufen

Rudi Lütgeharm

Lehren & Lernen im Sportunterricht

Eine ganz wichtige Voraussetzung für die Durchführung … Sportunterrichtes ist die Kenntnis über motorische Lernprozes… Dieser Band vermittelt die Phasen des motorischen Lernens … der Grob- zur Feinform bis hin zur Stabilisierung und variab… Verfügbarkeit. Hier sind eine große Anzahl sofort umsetzbarer m… thodischer Übungsreihen zum Lernen und Üben der wichtigs… Bewegungsfertigkeiten in der Leichtathletik, im Gerätturnen, … Schwimmen und bei den großen Spielen. Die kleinschrittige G… staltung ermöglicht eine Differenzierung.

96 Seiten | 12 579 | ab 18,49 €

Alle Stufen

Rudi Lütgeharm

Differenzierung im Sportunterricht

NEU

Der Umgang mit motorisch schwächeren, ängstlichen, hyperaktiven, konzentrationsschwachen und gehandicapten, aber natürlich auch mit besonders leistungsstarken Schülern ist in der Regel der pädag… gische Normalfall. Der Sportlehrer muss differenzieren, … mit alle Schüler aktiv am Sportunterricht teilnehmen könn… und ihnen Erfolgserlebnisse ermöglicht werden.

Dieses Buch zeigt die Möglichkeiten eines differenziert… Sportunterrichts auf und nennt ***Sofort umsetzbare Pra… tische Beispiele für den SEK I aus den Sportarten …***

Fitness / Koordination & Kondition / Schwimmen / Gerätturnen & Leichtathletik / Spiele

48 Seiten | 13 020 | ab 14,49 €

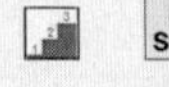